멋지게 말하고 싶습니다

멋지게

나를 바꾸는 말의 힘

말하고 싶습니다

조관일 지음

울

•

당신도 멋지게 말할 수 있습니다

2020년과 2021년, 코로나19 팬데믹으로 세상이 우울합니다. 사람을 만나기도 두렵고 숨을 쉬는 것조차 자유롭지 못합니다. 우리를 시원하게 만들어주어야 할 정치인들은 허구한 날 말장난을 하며 티격태격합니다. 아니, 티격태격 정도가 아니라 악다구니를 쓰며 기싸움을 합니다. 때로는 자신이 떠올릴 수 있는 가장 아픈 말로 상대를 할큅니다. 저주를 퍼붓습니다. 리더라는 사람들이 경쟁하듯 막말을 쏟아냅니다. 그런 모습을 지켜보는 우리는 그저 답답하기만 합니다.

그나마 가슴을 후련하게, 부드럽게 만들어주는 사람들도 있습니다. '다이너마이트'와 '버터'의 주인공 방탄소년단(BTS)이 그랬고, 75세 할머니(역을 맡았던) 배우 윤여정 씨가 그랬습니다. 2021년 4월 26일 윤여정 씨가 독립영화 〈미나리〉로 오스카상 여우조연상을 수상했을 때 내일처럼 기뻐 환호성을 내질렀습니다. 미국에서 40개에 가까운 상을 하나씩 하나씩 수상하며 계단을 오르듯 오스카로 향하는 과정을 지켜보는 건 가슴 졸이는 즐거움이었습니다.

사람마다 자신의 창문으로 세상을 보는 법! 나는 세상사를 눈여겨보며 저술과 강의 콘텐츠를 찾는 데 늘 촉각을 곤두세웁니다. 그때 나의 뇌리를 '번쩍' 하고 스쳐 지나간 것이 있었으니! 바로 윤여정 씨의 스피치입니다.

그는 오스카상을 받기까지 크고 작은 상들을 연속으로 거머쥐었는데, 특히 미국배우조합상(SAG) 수상부터 영국 아카데미 시상식(BAFTA)까지 이어지는 동안 특유의 스피치로 세상을 떠들썩하게 했습니다. 그리고 할리우드 아카데미에서 정점을 찍었습니다. 그 과정에서 그가 영어로 말한 수상 소감들은 세계적 감탄과 찬사를 받았습니다. 사람마다 의견이 다르겠지만, 나는 그의 스피치가 아카데미상을 거머쥐는 데 분명 한몫했다고 믿습니다. 그가 하는 말 한마디 한마디의 반응이 그야말로 폭발적이었으니까요.

그가 무슨 말을 어떻게 했는지는 온갖 뉴스 매체가 다루었으니 모두 잘 알 것이라 생각합니다. 그것을 보며 무슨 생각을 했나요? 말년에 복이 터졌다고 생각한 사람도 있을 것입니다. 동시에 '나도 저렇게 멋지게 말하고 싶다'라는 소망을 가진 사람도 있을 것입니다.

윤여정 씨가 일으킨 바람이 잦아들 무렵, 그러니까 두 달쯤 지나 '나는 과연 어느 정도 말을 잘할 수 있을까?' 되돌아볼 일이 생겼습니다. 야당인 '국민의힘'에서 36세 당대표가 선출되더니 가수 선발 오디션을 하듯 '대변인 선발 토론 배틀'을 실시한 것입니다. 앞으로 젊은 정치인을 선발할 때는 '연설대전'을 하겠다고 공언하기도 했습니다. 상황이 이러하니 소위 출세 좀 하려면 토론이든 연설이든, 아무튼 말을 잘해야 할 것 같습니다. 눈에 불을 켜고 시청률을 올리기 위한 아이템을 찾는 방송사들은 앞으로 '스피치 경연대회'를 열지도 모릅니다.

이러한 사례를 언급하지 않더라도 원래 말의 힘은 대단합니다. 한마디 말이 사람을 달리 보이게 하는 것을 넘어 인생을 바꾸고, 때로는 세상을 바꾸니까요. 그래서 '솜씨 중에 가장 으뜸의 솜씨는 말솜씨'라는 말이 있는 것 아닐까요? 바꾸어 말하면 재주 중에 제일의 재주는 말재주란 이야기가 됩니다. 과장이지만 일리가 있습니다.

아닌 게 아니라. 직장에서 혹은 사회에서 말재주가 있는 사람을 보면 너무나 부럽습니다. 나도 멋지게 한마디 하고 싶은데 다른 사람들 앞에만 서면 뜻대로 되지 않아 속이 상합니다. 스피치를 하고 난 뒤 후회하는 경우도 많습니다. '더 잘할 수는 없었을까?' 하고 반성합니다. 어떤 때는 잠 못 이루며 혼자 '이불킥'을 하기도 합니다.

말을 잘하고 싶은 소망을 이루기 위해 지금까지 열 권

에 가까운 화술 관련 책을 썼습니다. 아니, 화술에 관한 책을 그렇게 많이 썼는데 다른 사람의 말솜씨가 부럽다고? 말을 잘하고 싶은 소망을 아직도 가지고 있다고?

의아해할 것 없습니다. 책을 쓰는 사람의 유형이 여러 가지겠지만 나의 경우, 알기 때문에 쓰는 게 아니라 배우기 위해 씁니다. 쓰면서 배웁니다. 화술에 관한 나의 약점, 그리고 채워야 할 부분을 메모했다가 나름의 이론과 체계, 요령을 만들어 열 권에 가까운 책을 썼습니다. 나는 나 자신을 위해 책을 씁니다. 그 과정을 통해 더 배우며 나를 다듬습니다.

그런데 윤여정 씨를 보고 또 '욕심'이 작동했습니다. 그래서 책을 쓰기로 결심했습니다. 이번에는 나를 채우기 위한 것을 넘어 그동안의 탐색과 경험으로 얻은 소중한 결과를 같은 소망을 가진 사람들과 나누기 위해 쓰기로 했습니다. 책을 쓰면서 한 가지 방침을 세웠습니다. 지금까지와 달리 '작지만 알찬 책'을 만들어보기로 했습니다. 예전에는 가급적 많은 것을 다루며 두꺼운 책을 쓰려고 했는데, 이번에는 가급적 많은 것을 덜어내고 핵심만 다루기로 했습니다. 그렇게 작심한 배경이 있습니다. 다름 아닌 유튜브 채널(조관일TV)을 운영하며 깨달은 것이 있었습니다.

나의 채널은 자기계발을 콘텐츠로 합니다. 그래서 자기계발과 관련된 책을 소개하는 경우가 종종 있습니다. 그런데 예전에 미처 몰랐던 사실을 알았습니다. 책 한 권에서 단 5분짜리 방송 콘텐츠를 뽑아내지 못하는 경우가 허다하다는 점입니다. 외양은 번듯하지만 내용을 파고들면 알맹이가 없는 책이 의외로 많았습니다. 이전의 내 책도 예외가 아닙니다. 그리하여 이번에는 좋은 스피치 사례들을 모아 분석하는 한편, 어떻게 하면 멋지게 한마디 할 수 있는지 핵심 요령을 압축해 작지만 알맹이가 꽉 찬 책이 되도록 했습니다.

아무쪼록 이 책을 통해 당신도 윤여정 씨처럼 감탄을 부르는 멋진 스피치를 할 수 있게 되기를 바랍니다. 아니, 그 정도의 큰 성공은 아니더라도 직장에서 또는 모임에서 다른 사람들이 당신의 한마디를 듣고 내심 감탄하는 스피치를 하게 되기를 바랍니다. '나도 멋지게 말해보고 싶다'라는 소망을 이룰 수 있기를 바랍니다. 사족 하나, 이 책에 소개된 사례 중에는 나의 베스트셀러였던 《멋지게 한말씀》에 소개된 것이 있으나 일일이 출처를 밝히지는 않았습니다.

— 2021년 여름

차례

 제2부

말이 곧 경쟁력이다

 제3부

거창하지 않아도 멋지게 말할 수 있다

 제4부

웃기겠다는 생각부터 버려라

제1부

말에는 인생을 바꾸는 힘이 있다

말을 잘하고 싶은 것은 대부분의 사람이 갖는 소망이다. 여러 사람 앞에서 멋지게 스피치하는 사람을 보면 참 부럽다. 심지어 '말 잘하는 사람이 성공한다'라는 믿음까지 있다. 과연 무엇 때문에 저렇게 말을 잘할까? 그 요인을 하나씩 분석해보면 사실 별것 없다. 몇 가지 요소가 남과 약간 다를 뿐이다. 그럼에도 그 '별것' 아닌 것이 '별것'이 되니 문제요, '약간'이 때로는 인생을 좌우할 수도 있는 '결정적 요인'이 되니 문제다.

'잘 말하는 것'으로
'말 잘하는 사람' 되기

•

'말 좀 잘했으면….'

'멋지게 한마디 하면 좋을 텐데.'

'말솜씨를 쉽게 키우는 방법 없나?'

이런 생각을 하는 사람이 많다. 직장에서, 모임에서 사
람들 앞에 나가 멋지게 한마디 하는 사람을 보면 부러운
게 사실이다. 공적이든 사적이든, 여러 형태의 모임과 행
사에 참석하는 경우가 많아지고, 대중 앞에 나설 기회가
빈번해진 현대인에게는 매우 현실적인 소망이기도 하다.

그 소망은 어떤 직업을 갖고 있든, 지위가 높든 낮든, 여성이든 남성이든, 학생이든 성인이든, 심지어 노인이든 예외가 아니다.

문제는 말솜씨라는 게 생각처럼 간단하지 않다는 데 있다. 불행히도(?) 말솜씨 능력은 타고난다. 많은 책과 전문가들이 얼마든지 말솜씨를 키울 수 있다고 목소리를 높이지만, 그 '얼마든지'가 과연 어느 정도의 강훈련을 해야 하는 것인지 생각해보라. 보통의 노력으로 말솜씨를 키우는 것은 불가능하다. 그 분명한 증거가 바로 당신이다.

만약 당신의 나이가 50세라면 지금 당신의 말솜씨는 지난 50년간 갈고닦은 결과다. 스피치 훈련을 해본 적 없다고? 아니다. 우리는 알게 모르게, 부지불식간에 언변을 매일, 매순간 훈련한다. 남과 대화할 때, 여러 사람 앞에서 간단한 스피치를 할 때마다 당신이 의식하지 않았어도 어떻게 해서든 최대의 언변을 동원한다. 일부러 말을 못하려고 작정하고 말하는 사람은 없다. 자기 딴에는 최선을 다해 말한다. 조금이라도 나은 표현, 상대를 설득하는 말, 감탄을 자아낼 수단을 본능적으로 작동시킨다. 동의하는가? 그렇게 50년을 살았다. 그러니까 당신은 매일, 매순간 말을 할 때마다 말 훈련을 한 것이며, 그 누적된 훈련의 결과가 지금 현재 당신의 언변이다. 그런데도 말을 잘 못하겠다고? 그만큼 말을 잘하기란 상당히 어렵다.

그럼 어떻게 해야 할까? 말을 잘하려고 하지 말고 잘 말하려고 노력하는 게 해법이다. '말 잘하는 것'과 '잘 말하는 것'은 다르다. 말 잘하는 것은 타고난 말솜씨, 재능과 관계가 있는 반면, 잘 말하는 것은 노력, 요령과 관계가 있다. 말솜씨를 떠나 얼마나 상대에게 어필하는 멋진 말을 하느냐는 콘텐츠(내용)와 관련 있다. 결론적으로 말 잘하는 것은 누구나 하기 어렵지만 잘 말하는 것은 조금만 신경 쓰고 노력하면 누구나 할 수 있다.

어떤 이가 청산유수 달변에 매우 재미있게 스피치를 하는데 알맹이가 없거나 단지 우스갯소리를 늘어놓으며 오히려 품격을 떨어뜨린다면, 그는 말 잘하는 사람은 될지언정 잘 말하는 사람은 아니다. 반대로 버벅거리기는 하지만 귀를 쫑긋하게 만들고 사람의 마음을 사로잡는다면 그는 분명 잘 말하는 사람이다.

스피치를 배우려면 이 둘의 차이를 분명히 알고 도전해야 한다. 당신의 목표는 '말 잘하는 것'이 아니라 '잘 말하는 것'을 통해 '말 잘하는 사람'이 되는 것이기 때문이다. 이제부터 당신은 잘 말하는 법을 배우고 훈련하게 될 것이다. 이 책이 목적하는 바가 바로 그것이다.

타고난 말솜씨가 있어 말 잘하는 사람이라면 금상첨화이지만, 타고난 재능이 없더라도 이 책에서 제시하는 방법을 잘 터득하면 당신도 확실히 잘 말하는 사람, 멋지게 말하는 사람이 될 수 있다.

말솜씨는 없지만 어떻게 하면 스피치를 잘할까를 확실히 인식하고 당신의 스피치 능력을 향상시켜야 한다.

SPEECH
BOX

말 잘하는 것
vs.
잘 말하는 것

말 잘하는 것

- 청산유수로 말하지만 느낌이 없는 경우
- 언변이 화려하지만 알맹이가 없는 경우
- 논리정연하게 말하지만 거짓과 속임수의 궤변인 경우
- 말재주는 있지만 분위기 파악을 못하는 경우
- 청중의 주의는 끌지만 천박한 인상을 주는 경우

잘 말하는 것

- 말은 어눌하지만 들을수록 진심이 전달되는 경우
- 버벅거리기는 하지만 가슴을 뭉클하게 하는 경우
- 언변은 없지만 내용이 너무 좋은 경우
- 말솜씨는 별로이지만 상황과 분위기에 맞는 센스가 돋보이는 경우
- 눌변이지만 청중들에게 좋은 이미지를 심어주는 경우

멋지게 말한다는 것은
무엇인가

•

리더든, 신입사원이든, 심지어 전업주부이든 어디선가 말할 기회와 맞닥뜨리면 어떻게 해야 멋지게 말할 수 있는지 머리를 쓰게 된다. 멋지게 한마디 할 수 있길 소망한다. 사람들 앞에서 말을 잘하는 사람을 보면 멋있어 보이기도 한다. 그러니까 말을 잘하는 것은 멋짐이다.

그럼 어떻게 말하는 것이 멋진 걸까? 멋지게 말한다는 것은 과연 무엇일까? 목소리를 연출해 가성으로 멋 부리는 것? 당연히 아니다. 그건 멋이 아니다. 그저 거북하기만 하다.

많은 화술 전문가가 목소리의 중요성에 상당한 비중을 두는데, 내 생각은 다르다. 목소리를 고치라고? 목소리를 연출하라고? 그게 그렇게 간단한 일이 아니다.

물론 스피치를 할 때는 친구들과 대화할 때와는 다르게 목소리를 연출한다. 다른 사람들 앞에 서서 한마디 하는데 수다 떨 듯 호들갑스럽게 말하는 사람은 없다. 조금 목소리를 깔고 목소리 화장을 한다. 그 정도의 목소리 연출은 한다. 그러나 어디까지나 자신의 목소리로 말할 수밖에 없다.

'목소리' 하면 떠오르는 사람이 있다. 좀 특이하니까. 윤여정 씨도 그렇고 방송인 박경림 씨도 그렇다. 그들에게 목소리를 고쳐서 말하라고 해보라. 되지도 않을 뿐만 아니라 그렇게 할 필요도 없다. 그들은 그 목소리로 멋지게 말한다.

멋지게 말하는 것은 멋진 단어를 나열하고, 화려한 수사를 동원하는 것이 아니다. 그것이 말하는 사람과 어울리지 않으면 듣기에도 좋지 않다. 그렇다면 청산유수 달변은 멋있을까? 자칫하면 말만 번지르르한 사기꾼이나 말꾼처럼 느껴져 거리를 두게 된다. 멋지게 말하기 위해선 대략 다섯 가지 조건을 갖춰야 한다.

첫째, 자기 스타일을 보여줘야 한다. 말은 억지로 꾸며서 될 일이 아니다. 매끄러우면 매끄러운 대로 투박하면 투박한 대로 사람마다 말 스타일이 있게 마련이다. 그것을 당당하게 보여줘야 한다. 진솔하고 솔직해야 한다. 그게 인간미다. 물론 남들 앞에 나설 때 약간의 화장, 약간의 꾸밈은 필요하다. 그게 말하는 사람으로서의 매너이자 예의다.

둘째, TPO에 맞게 말해야 한다. 상황에 어울려야 한다는 의미다. 말투도, 용어 선택도, 표현 방식도 상황에 어울려야 한다. 군수님이 시골 경로당에 모인 어르신들 앞에서 '제4차 산업', '글로벌 경쟁'을 운운하며 한마디 하는 모습을 떠올려보라. 절로 고개가 저어질 것이다.

셋째, 알맹이가 있어야 한다. 메시지가 분명해야 한다는 의미다. 말을 마친 뒤 청중들에게 "도대체 무슨 소리야?", "그래서 어쩌라는 거야?"라는 말을 듣는다면 끝장이다. 무엇을 말하려 하는지가 선명하게 전달되어야 한다. 그러려면 스피치에 꽉 씹히는 알맹이가 있어야 한다.

넷째, 웃기려 하지 말고 유머리스하게 말해야 한다. 스피치에서 유머의 중요성은 말하지 않아도 잘 알 것이다. 스피치를 듣는 사람의 입장을 고려한다면 유머는 필수다. 그런데 무조건 웃기려고만 애를 쓰는 사람이 있다. 이건 멋진 게 아니라 멋쩍은 것이다. 안쓰럽고 저질스러운 것이다. 스피치 목표를 상실한 것이다.

다섯째, 센스 있게 말해야 한다. TPO에 맞게 말하는 것도 센스요, 청중에 맞는 용어를 선택하는 것도 센스다. 유머나 애드리브를 적절히 구사하는 것도 센스요, 스피치 시간을 적절히 조절하는 것도 센스다. 멋지게 말한다는 것을 한마디로 압축하면 '센스 있게 말하는 것'일지도 모르겠다. '센스쟁이'가 멋쟁이다.

이 다섯 가지에 초점을 맞춰 당신의 스피치, 당신의 언변을 점검해보자. 그러면 무엇을 어떻게 고쳐야 멋지게 말하는 사람이 될지 판단이 선다.

인사말이라도
제대로 할 수 있으면

•

　　　　　　화술을 탐구하려 몰입하다 보면 자칫
방향을 잃을 수가 있다. '쥐를 연구하는 사람은 쥐 때문
에 세상이 멸망한다는 결론을 낸다'라는 말이 있다. 한쪽
에 너무 매몰되면 세상천지가 모두 그것의 영향을 받는
것처럼 여겨진다는 뜻이다. 스피치도 그렇다. 이것을 파
고들다 보면 세상 사람 모두가 스피치에 관심이 있고, 위
대한 연설을 해야 할 것만 같은 착각에 빠질 수 있다.

　　현실은 어떤가? '스피치'라고 거창하게 이름 붙일 만

한 스피치를 할 기회가 평생 몇 번이나 될까? 직장인이라 하더라도 스피치를 할 기회는 대부분 인사말 수준이다. 신입사원으로서의 인사말, 이런저런 회의에서 하게 되는 모두 발언 수준이다. 리더가 되면 지시나 훈시가 추가되는 정도. 아참! 회식 때마다 참석자 모두가 돌아가면서 하는 건배사도 있다. 이 정도가 우리네 보통 사람들의 스피치 현실이다.

'인사말이라도 멋지게 해봤으면….'

보통 사람의 스피치에 대한 소망은 이렇듯 소박하다. 그런데 왜 그게 안 될까? 한마디로 요령이 없어서 그렇다. 우리는 종종 "사람이 요령이 없다"라는 말을 사용한다. 이게 무슨 뜻일까? 요령(要領)은 '일을 하는 데 꼭 필요한 묘한 이치'라는 뜻이다. 또한 '사물의 가장 긴요한 골자나 핵심', '쉽게 대강 어물거리어 넘기는 잔꾀'라는 뜻도 있다. 이것을 '말'에 대입해보면 스피치를 하는 데 요령이 없다는 것은 어떻게 말하면 되는지 이치와 방법을 모른다는 의미이며, 그때그때 상황에 따라 적절히 적응하고 대응하는 재치가 없다는 의미다. 쉽게 말해, 임기

응변의 융통성이 없다는 뜻이다.

요령의 연관 단어로 요령부득(要領不得)이라는 말도 있다. 그대로 해석하면 '요령(要領)을 얻지 못했다(不得)'라는 뜻인데, 원래의 사전적 의미는 '말이나 글의 중심이 되는 의미나 줄거리를 잡을 수가 없음'이다. 이것도 '말'에 대입하면 좋은 힌트를 준다. 요령부득한 사람은 말하는 요령을 터득하지 못했음과 동시에 말을 할 때 중심이 없고 의미나 줄거리를 제대로 잡지 못하고 횡설수설, 갈팡질팡한다는 의미가 된다.

따라서 스피치를 멋지게 하고 싶다면 무엇보다도 요령을 알아야 하고 배워야 하며 터득해야 한다. 말솜씨를 타고난 사람들은 바로 이런 요령을 태생적으로 타고났다고 생각하면 된다.

그래서 나는 이 책에 스피치를 할 때 필요한 여러 가지 요령을 담았다. 다음에 소개하는 요령(공식)을 비롯하여 여러 가지를 만드느라 궁리를 많이 했다. 읽는 사람은 "고작 이거야?", "장난 같잖아"라고 말할 수도 있지만 핑을 잡는 게 매다. 남 앞에서 어떻게 말해야 할지 막막할 때 요령 하나로 위기를 극복하고 사람들에게 꽤 괜찮은 사람, 들을 만한 스피치를 하는 사람이라고 평가만 받아도 성공 아닌가? 그것이야말로 요령 있는 사람이 되는 것이다.

꿈은 커야 한다지만 말에 관해서는 목표를 낮게 잡고 한발씩 개선해나가는 게 요령이다. 이 요령을 만들기 위해 여러 사례를 모아 분석했고, 친절하게도 어떻게 하면 기억하기 쉽게 할 것인지 머리를 많이 썼다.

그러나 요령은 요령일 뿐이고, 방법은 방법일 뿐이다. 실제가 아니고 이론이라는 말이다. 정말로 멋지게 말하고 싶은 소망을 이루려면 이 요령을 가슴에 꽉 박아놓고 수시로 해봐야 한다. 실전 경험을 쌓는 게 중요하다. 그런 시간을 반복하다 보면 당신은 멋지게 말을 잘한다는 평가를 받게 될 것이다. 혹시 이런 평가나 질문을 받을지도 모른다.

"말솜씨가 타고났군요."

"원래 이렇게 말을 잘하세요?"

그런 말을 들으면 그냥 웃으면 된다. 그럼 지금부터 '인사말이라도 제대로 할 수 있는 요령'을 배워보자.

갑자기 말을 해야 한다면,
이것만 기억하자

●

     다짜고짜 실전으로 들어간다. 원래 이
건 후반부 '스피치 실전'에서 다루어야 할 내용인데, 이
책의 성격을 보여주기 위해 맛보기로 먼저 다룬다.

     스피치에 관한 방법을 담은 책이 제아무리 두껍고 이
론이 많아도 당사자의 심정과 목표는 딱 한 가지다. 스
피치를 하게 될 상황에 처했을 때 현장에서 즉각 써먹을
수 있는 간단한 요령이 무엇이냐는 것이다. 그래서 나는
어떻게 하면 스피치를 쉽게 할 수 있는지 그 요령을 가

급적 공식 형태로 만들어 제공했다. 이미 스피치와 관련 (즉석 스피치든 준비 스피치든)하여 책과 유튜브 방송을 통해 여러 가지 공식을 제시한 바 있다. 모두 모으면 꽤 될 것이다. 공식이라고 해봤자 1개의 공식마다 3~5개 요령으로 되어 있다.

왜 그런 공식을 제시했을까? 우리가 스피치와 관련해 당황하는 경우는 대부분 '즉석 스피치'일 때다. 미리 예고되어 준비할 시간이 주어지는 '준비 스피치'일 때는 여유를 갖고 충분히 대처할 수 있다. 때로는 다른 사람의 도움을 받아 스피치 원고를 작성해도 된다.

그러나 갑자기 마이크를 잡고 다른 사람들 앞에 나서야 할 상황이라면? 바로 이때 진정한 능력이 드러난다. 위기라고 생각하면 위기이지만, 한편으로는 능력을 보여줄 절호의 기회다. 이때 스피치를 피하려 하거나 쭈뼛쭈뼛해서는 안 된다. 이미지가 망가진다.

가장 먼저 다룰 요령(공식)은 '인사말 공식'이다. 앞서 말한 대로 신입사원이 자기소개를 하는 인사말, 이런저런 회의의 인사말, 건배사, 심지어 환영 및 송별 인사말을 할 때에도 두루 활용할 수 있는 공식이다. 가장 쉬운 기본 공식으로, 활용도가 매우 높다. 공식의 이름은 '44444'다. 한 돌침대 회사 사장님이 TV 광고에 나와 "별이 5개!"라고 외쳤는데, 여기서는 '4가 5개'다. 바로 인사·감사·찬사·헌사·결사!

자, 먼저 '인사하기'다.
"안녕하세요. 반갑습니다."
"저는 ○○부서에 근무하는 ○○○입니다."
"오늘 뵙게 돼서 행복합니다."
"인사말을 할 수 있는 기회를 주셔서 영광입니다."
이와 같이 당신이 그 상황에서 할 수 있는 인사말을 하면 된다. 어려울 게 없다. 버벅거리지 말고 생각나는 말을 하면 된다.

다음은 '감사하기'다. 고마워할 것이 있으면 이 단계에서 모두 언급한다.
"이렇게 귀한 자리에서 말씀드릴 기회를 주셔서 감사

합니다."

"여러분을 뵙게 돼서 감사합니다."

"맛있는 음식을 제공해주셔서 감사합니다."

그 상황에서 감사할 것을 생각해내 고마움을 표현하면 베리 굿! 그리고 그다음 단계로 넘어간다.

세 번째는 '찬사하기'다. 칭찬하고 칭송할 것이 있으면 이 단계에서 모두 언급한다.

"모두 훌륭하십니다."

"오늘 음식은 정말 최고인 것 같아요."

"그동안의 업적을 영원히 기억할 것입니다."

이와 같이 그 상황에서 칭찬할 것, 칭송할 것, 아부성 발언을 좀 하면 된다. 사람들을 기분 좋게 만들면 되는 거다.

네 번째는 '헌사하기'다. 이를테면 바치는 노래, 아니 바치는 말, 바람과 기원의 말을 하면 된다.

"앞으로도 건승하기 바랍니다."

"언제나 행복하고 건강하세요."

"더욱더 발전하세요."

자, 이제 마무리 '결사'의 단계다. 결론을 내리는 말, 마무리하는 말을 하면 된다.

"우리 모두 ○○○님의 행운을 빕시다."

"다음에 다시 만납시다."

"감사합니다."

이런 식으로 마무리하면 된다.

그런데 스피치의 핵심 메시지는 언제 전달하는 것이 좋을까? 세 번째와 네 번째, 즉 찬사와 헌사에 담아 이야기하면 된다.

너무 밋밋하다고? 스피치에 자신 없거나 말주변이 없는 사람에게 더 많은 걸 요구해봤자 제대로 활용하기도 어렵다. 이 정도면 됐지 뭘 더 바라는가. 도무지 어떻게 스피치를 해야 할지 모르겠다면 119를 부르는 심정으로 '44444'를 활용하기 바란다.(이 공식은 즉석 스피치의 대표 격이라 할 수 있는 건배사를 할 때 매우 유용하다. 이에 대해서는 4부에서 자세히 알아보도록 하자.)

언제나, 늘 다섯 단계를 그대로 따를 필요는 없다. 때로는 순서를 바꿔도 되고, 생략할 부분은 생략해도 된다. 또 상황에 따라 추가할 이야기는 추가하면 된다. 그 정도의 판단력과 응용력은 가지고 있을 거라 믿는다.

앞으로도 이야기를 전개하면서 유용한 공식을 소개하도록 하겠다. 성실히 따라오기 바란다.

스피치의 재료는
현장에 있다

•

　　　　　스피치의 정수는 즉석 스피치다. 준비
스피치는 말 그대로 준비할 기회와 여유가 있어 스피치
능력을 가늠하기가 어렵다.

　준비된 연설 원고를 보고 스피치하는 것이라면 준비
하고 대처할 시간이 있어 당황할 이유가 없다. 여유만만
하다. 문장력과 연기력이 뛰어나면 된다. 누군가가 원고
를 써주더라도 연기력만 있으면 충분하다. 그래서 어떤
책에서는 누군가가 써준 원고를 멋지게 읽는 법까지 가

르쳐준다. 읽는 것도 제대로 하지 못하는 사람이라면 그 사람은 대체 뭐란 말인가.

그러나 즉석 스피치는 다르다. 바로 그 자리(즉석)에서 자신의 스피치 능력을 고스란히 드러내야 한다. 상황 대처 능력이 뛰어나야 한다. 인품에서부터 세상을 보는 관점, 분위기를 읽는 감각, 말에 대한 내공이 총동원되어야 멋진 스피치가 가능하다. 그것도 즉석에서 순간적으로 말이다. 그래서 흔히 '명연설가'라 하면 즉석 스피치에 강한 사람을 일컫는 경우가 대부분이다. 청중들로 하여금 "와우!"라는 감탄을 이끌어내는 데는 즉석 스피치가 제격이다.

모임에 참석해 별 생각 없이 상황을 구경하고 있는데 사회자가 갑자기 "한 말씀 부탁드립니다"라고 요청한다면 어떻게 하겠는가? 참 난감하다. 위기일발이다. 얼굴이 벌겋게 달아오를지도 모른다. 손사래 치며 "아유~ 난 할 말 없어요"라고 말하면 진짜 스타일 구기는 거다. 그래도 끝까지 거절할 거라고? 물론 그럴 수도 있다. 그 대신 자신을 돋보이게 할 좋은 기회를 날려버리는 것이다. 그렇게 평생을 피하면 아무것도 이룰 수 없다.

용기를 내 나서라. '스피치가 뭐 별거야? 까짓 한번 해보자'라고 대수롭지 않게 생각하고 나서면 된다. 이때 다짐해야 할 것이 있다.

'느낀 대로, 본 대로, 자연스럽게!'

바로 이것이다. 어차피 청중들도 당신이 즉석에서 스피치를 요청받았다는 사실을, 게티즈버그 연설 같은 역사적인 연설을 하는 것이 아니라는 사실을 알고 있다. 윤여정 씨를 떠올리며 당신과 비교할 사람도 없다. 그러니 걱정은 그만! 당신은 당신 스타일대로 하면 된다. 윤여정 씨를 보라. 그냥 자연스럽게 대화하듯 하지 않는가. 갑작스러운 상황에 놀란 표정을 그대로 노출하면서 말이다. 사전에서 '즉석(卽席)'의 의미를 찾아보면 '어떤 일이 진행되는 바로 그 자리'라고 나와 있다. 그렇다. '바로 그 자리'다. 이것은 즉석 스피치의 해답 또한 바로 그 자리에 있음을 암시한다. 스피치를 하려는 바로 그 상황에 말이다.

그 상황에 무엇이 있는가? 여러 가지가 있다. 청중도 있고, 연사도 있다. 먼저 스피치한 사람이 있고, 다음으로 스피치할 사람이 있다. 그들의 말과 행동이 있다. 날씨가 있고, 스피치하는 장소의 분위기가 있다. 그리고 무엇보다 당신 자신이 있다. 그렇게 많은 것이 '즉석'에 있다. 그런 것들에 해답이 있다. 말할 재료, 이야깃거리가 있다는 말이다.

이렇듯 '즉석'에 있는 여러 상황을 스피치에 센스 있게 잘 활용하는 사람이 진짜 프로다. 즉석 스피치의 달인이 되려면 상황을 최대한 활용하는 사람이 되어야 한다. 즉석 상황을 스피치에 잘 이용하는 것이 즉석 스피치의 요령이자 방식이다.

즉석 스피치를 재치 있게 하는 사람을 보면 대부분 현장 상황을 잘 캐치해 능수능란하게 활용한다. 그것은 결코 타고난 재주가 아니다. 즉석에서 답을 찾으려는 간절한 욕망과 센스가 있으면 누구나 할 수 있다.

즉석 스피치를 해야 할 입장이 되면 즉석에서 이야깃거리를 찾으려 노력해보라. 의도적으로 그렇게 해보라.

상황을 보는 안목이 달라진다. 이 점을 믿고 꼭 그렇게 하라. 그러면 당신도 할 수 있다.(즉석 상황을 활용해 스피치 한 사례는 이후에 여러 차례 나오니 참고하기 바란다.)

SPEECH
BOX

대화는 잘 되는데
스피치는 안 되는 이유

- **심리** 대화를 할 때는 상대를 의식하지 않지만, 스피치를 할 때는 청중을 의식한다. 그로 인해 긴장도가 높아져 공포감을 느낀다.

- **목표** 대화를 할 때 '말을 잘해야지'라고 생각하며 말하는 사람은 없다. 그러나 스피치를 하기 위해 연단에 서는 순간 자신을 돋보이려는 욕심이 생기고, 욕심이 결국 말을 망치게 한다.

- **화법** 대화는 말 그대로 대화식으로 하기 때문에 자연스럽다. 그러나 연단에 서는 순간 자기도 모르는 사이에 연설식, 설교식으로 화법이 바뀐다. 그러면 스피치가 잘 되지 않는다.

- **내용** 대화를 할 때는 화제의 빈곤을 느끼는 경우가 거의 없다. 그냥 일상적인 이야기를 하면 된다. 그러나 스피치는 그럴 수 없다. 화제가 빈곤하면 스피치는 불가능해진다.

- **경험** 대화는 많은 경험이 있기에 문제가 되지 않는다. 그러나 스피치를 하는 경우는 자주 발생하지 않는다. 그러므로 모처럼 즉석 스피치를 하게 되면 실패할 확률이 그만큼 높아진다.

세계를 사로잡은
스피치 센스

•

　　프롤로그에서 언급했듯 배우 윤여정 씨의 오스카상 수상과 그 과정에서 보여준 스피치가 이 책을 쓰게 된 계기 중 하나다. 이제부터 윤여정 씨의 스피치를 본격적으로 탐색하며 한 수 배워보자.

　　나는 윤여정 씨가 독립영화 〈미나리〉로 계속해서 상을 받은 것 못지않게 그의 수상 소감에 필이 꽂혔다. 뭐 눈에는 뭐만 보인다고 좋은 스피치를 만나면 가슴속이 벅차오른다. 좋은 사례를 건진 거니까. 낚시꾼이 월척을 낚는 기분이 이와 같을까? 현실에서 좋은 스피치 사례를 찾기가 그만큼 어렵다.

자, 질문을 해보겠다. 당신은 누구의 어떤 스피치가 가장 기억에 남는가. 늘 스피치에 관심을 갖고 사례를 찾기 위해 안테나를 높이 세우는 나도 쉽게 답하기가 어렵다.

우리에게 친숙한 에이브러햄 링컨의 게티즈버그 연설도 '링컨', '게티즈버그', '국민의 국민에 의한…'만 떠오를 뿐, 실제로 무엇을 어떻게 말했는지 제대로 알지 못한다. 그 연설을 직접 들은 것도, 동영상을 본 것도 아니다. 워낙 역사적이라고 하니 그런가 보다 할 뿐이다. 현실감이 없다.

그럼 현실감 있는 최근 사례는 무엇이 있을까? 방탄소년단의 리더 RM이 2018년 9월 24일 유엔에서 행한 '자신을 사랑하라(Love yourself)' 7분 연설 이후 세계적인 관심을 끈 스피치는 윤여정 씨의 수상 소감이다.

2020년 제92회 아카데미 시상식(Academy Awards)에서 봉준호 감독이 감독상을 수상해 우리를 행복하게 하고 우리 영화에 대한 자긍심을 한껏 높였지만, 그의 스피치는 윤여정 씨의 스피치만큼 화제가 되지는 않았다. RM의 스피치가 격식을 갖춘 공식적이고 사전에 준비된 스피치라면, 윤여정 씨의 스피치는 자연스러운 즉석 스피치로, 훨씬 친숙하고 현실감 있게 다가온다.

스피치는 원래 사례로, 흉내를 내는 방식으로 배운다. 그런데 그 사례가 흔치 않다. 물론 과문(寡聞)한 탓이기는 하겠지만. 스피치와 친숙하고 말로 먹고사는 정치인 중에 의미 있는 사례가 있지만, 그 사례를 다루면 당장 책을 덮는 사람, 아니 찢어버리는 사람이 나타날 수도 있다. 우리나라 사람은 정치적 호불호가 너무 격하고 선명하기 때문이다. 그런 면에서도 윤여정 씨의 사례는 정말 '대박'이다.

그와 비슷한 연배로 동시대를 살아온 사람으로서 수십 년간 그의 연기를 봐왔지만 스피치를 잘할 거라는 생각은 미처 하지 못했다. '조금 특이한 목소리로 자연스러운 연기를 하는 배우'라는 것이 내가 알고 있는 전부였다.

그런 그가 세상을 깜짝 놀라게 했다. 독립영화 〈미나리〉로 세상을 뒤흔들었다. 누군가의 표현처럼 '별의 순간'을 잡았다. 흥미로운 것은 큰 상을 받은 것 못지않게 그의 스피치가 세상을 떠들썩하게 했다는 점이다. 오스카상 수상은 분명 인상적인 스피치가 한몫했을 것이다. 사람들에게 깊은 인상, 좋은 이미지를 심어주었을 테니까. 바람몰이를 톡톡히 했다고 본다.

그의 스피치가 좋은 것은 말의 힘이 얼마나 대단한지를 보여줌과 동시에 좋은 스피치란 거창한 것도, 현학적인 것도, '말꾼'만이 잘하는 것도 아니라는 것을 보여줬다는 데 있다. 누구나 잘할 수 있고, 그 요령 또한 별것 아니라는 사실을 확인해주었다. 우리 모두에게 스피치를 잘할 수 있다는 자신감을 심어주었다.

거창하게 표현하면 우리나라 역사상 스피치로 세상을 쥐락펴락하며 환호하게 한 사람은 아마도 그가 유일한 것 같다.(아무리 생각해도 다른 사람이 떠오르지 않는다.) 따라서 그의 스피치는 분석 대상으로 제격이고, 배울 만하다. 앞으로도 스피치 업계(?)에서는 그의 사례가 계속 거론될 듯하다. 자, 좀 더 세밀히 들여다보자.

1분 즉석 스피치로 보여준
인생 내공

•

        윤여정 씨의 스피치가 관심을 받기 시작한 것은 오스카상을 향해 한발씩 다가가며 미국배우조합상을 수상했을 때부터다. 시상식은 코로나19로 인해 비대면 화상으로 진행됐다.

   사회자가 "미국배우조합상 수상자는 미나리의 윤여정 씨!"라고 발표하자 놀란 모습의 그가 화면에 등장했다. 그는 감격스러운 표정으로 수상 소감을 했다.

   "어떻게 제 기분을 말씀드려야 할지 모르겠습니다. 해

외에서 이렇게 알려지게 될지 몰랐습니다. 정말 많이 영광스럽고, 특히 동료 배우들이 저를 여우조연상 수상자로 선택해주었다는 사실이 감격스럽습니다."

그는 흥분과 얼떨떨한 쑥스러움을 드러내며 더듬거리듯 말을 이었다.

"제가 지금 제대로 이야기를 하고 있는지 모르겠습니다. 제가 영어를 잘하지 못합니다.(이때 화면에 등장한 다른 후보와 관계자들이 엄지척을 한다. 잘하고 있다는 의미일 것이다.) 정말 많이 기쁘고 행복합니다. 미국배우조합에 감사드립니다. 미안해요. 모든 것이 익숙하지 않네요(쑥스럽다는 듯이 두 손으로 얼굴을 가리며). 정말 감사드립니다. 올리비아 콜맨, 글렌 클로즈, 마리아 바카로바, 그리고 모두에게 정말 고맙습니다."

40초 정도의 짧은 스피치였다. 스피치라기보다는 말 그대로 '수상 소감'이었다. 사실 특별한 것은 없었다. 그저 평범하고 자연스러운 소감이었다. '어떻게 말해야 할지 모르겠다', '영광이고 감사하다', '영어를 잘하지 못하는데 제대로 말하고 있는지 모르겠다', '모두에게 고맙다' 이게 전부다.

하지만 평가는 대단했다. 미국 매체 '인디와이어'는 "순수하고 정제되지 않은 정직함을 이길 수 있는 것은 없다"라며 윤여정 씨가 수상뿐 아니라 소감으로도 한 번 더 이겼다고 표현했다. 그리고 '그녀의 감사는 더 높은 수준으로 전달될 수 없을 것'이라며 '오스카를 향하여!'라고 응원을 덧붙였다. 이때부터 그의 스피치가 〈미나리〉와 함께 세계적 관심사로 떠오르기 시작했다.

그리고 정확히 일주일 후 윤여정 씨는 제74회 영국 아카데미 시상식에서 여우조연상을 수상했다. 이때도 마찬가지로 그는 화상으로 1분 남짓 짧은 수상 소감을 전했다.

"안녕하세요, 저는 한국의 배우 윤여정입니다. 어떻게 소감을 전해야 할지 모르겠네요, 후보로 선정되어 매우 기쁩니다. 아! 이제는 수상자가 됐군요. 우선 에딘버러 공작 필립공의 별세에 깊은 애도를 표합니다. 상을 주셔서 고맙습니다. 모든 상이 의미가 있지만 이번 상은 특히

나 고상하다고 알려진 영국 분들에게 좋은 배우라고 인정받아 정말 기쁘고 영광입니다. 제게 표를 주신 분들에게 감사드리고, 영국 아카데미에도 감사드립니다."

그야말로 짧은 스피치, 즉석 인사말의 표준이라 할 수 있다. 원고도 보지 않고 자연스럽게 말한 즉석 스피치의 전형이라 해도 과언이 아니다. 미국 영화 매체 '벌처'는 "올 수상 소감 중 최고다"라고 평가했다.

윤여정 씨의 스피치를 '더 이상 좋을 수 없다', '최고'라고 평가한 것에 '별 내용 없이 그냥 기쁘다, 고맙다고 말했을 뿐인데, 대체 왜 최고의 수상 소감이라는 거야?'라고 의문을 가진 사람도 분명 존재할 것이다.

수상 소감이란 게 원래 그렇다. 그런 자리에서 일장 연설을 하거나 으스댄다면 얼마나 보기 불편할지 생각해보라. 오랫동안 연기자 생활을 한 노배우답게 본 대로, 느낀 대로의 감상을 꾸밈없이 말했다. 어쩔 줄 모르면 어쩔 줄 모르겠다고 말했다.

동양의 노배우가 어떤 반응을 보일지 궁금했던 외국인들에게 그의 표정과 말은 '순수하고 정제되지 않은 정직함'으로 다가갔다. 그러니 '더 높은 수준으로 전달될 수 없는 감사'라고 표현하지 않았겠는가.

그런 스피치에서 특별한 내용과 화려한 수사를 기대한다면 그게 잘못된 것이다. 그들의 평가는 툭하면 기립 박수를 치며 "굿!", "원더풀", "와우!", "판타스틱"을 외치는 사람들다웠다.

감동을 선사하는
솔직한 말하기

●

　　　　　　이제 윤여정 씨의 스피치를 분석해 살
펴보자. 어떤 원리와 특징을 갖고 있는지, 우리가 배울
것은 무엇인지.

　오스카상 시상식처럼 전 세계에 중계되는 행사라도
즉석 스피치는 사실 별것 아니다. 공식적인 오프닝 연설
이라면 몰라도 수상 소감 정도는 자유 스피치다. 자기가
본 대로, 느낀 대로 말하면 된다. 그러나 그것에도 나름
의 원칙은 존재한다.

첫째, 자연스럽게 말해야 한다. 평소에 말하던 대로 하면 된다. 목소리를 낮게 깔 이유도, 폼을 잡을 이유도 없다. 그의 표정과 말투, 제스처를 글로 설명하기는 어렵다. 인터넷에서 동영상을 찾아보기 바란다. 그래야 느낌이 팍 올 것이다.

둘째, 떠오른 생각, 느낀 감정을 상황에 맞게 솔직하게 표현해야 한다. 그저 본 대로, 느낀 대로 표현하면 된다. 꾸미고 자시고 할 것도 없다. 사람을 감동시키는 것은 진심과 솔직함이다. 물론 이런 간단한 스피치도 아무나 할 수 있는 게 아니다. 엄청난 압박감으로 머릿속이 하얘질 테니까. 그것을 대수롭지 않게 받아들일 수 있는 내공이 있어야 가능하다.

스피치 하수는 자꾸 무언가를 꾸미려고 한다. 마음에도 없는 말을 한다. 그러니 청중이 공감하지 못한다. 특히 영국 아카데미 시상식에서 "모든 상이 의미가 있지만 이번 상은 특히나 고상하다고 알려진 영국 분들에게 좋은 배우라고 인정받아 정말 기쁘고 영광입니다"라고 한 부분은 압권이다. 모두를 빵 터트렸다. 폭소와 박수가 쏟아졌다.

 '무척 고상한 척하는 사람들(very snobbish people)'이라는 표현은 영국인 입장에서는 거북할 수도 있지만, 윤여정 씨는 솔직한 인상을 본 대로, 느낀 대로 말했다. 그야말로 거침없었지만 결코 불쾌함을 주지는 않았다. 표정과 말투에서 장난스러움이 느껴졌기 때문이다. 그 말을 증오의 눈빛으로 정색하며 했다면 상황은 달랐을 것이다. 이를 통해 스피치를 할 때 말투와 표정이 매우 중요하다는 사실을 다시 한 번 확인할 수 있다.

 폭소와 박수가 쏟아졌다는 것은 무엇을 의미할까? '그래 맞아'의 다른 표현이다. 영국인 스스로도 공감한다는 것이다. 미국을 비롯한 서구의 다른 나라 사람들은 고소했을지도 모른다. 미국 매체 '버라이어티'는 윤여정의 수상 소감을 '잔인할 만큼 솔직하면서도 재미있는 분석(brutally honest, funny assessment of them)'이라고 평했다.

 셋째, 센스를 발휘해야 한다. 스피치를 할 때 센스가 중요하다는 사실은 이 책 곳곳에서 강조했다. 즉석 스피치는 더욱 그렇다. 윤여정 씨는 1분 남짓한 짧은 스피치에서 장난기 있는 표현을 하기 전에 엘리자베스 2세 여왕의 남편 필립공이 별세한 것에 애도를 표했다. 영국인의 마음을 어루만져준 것이다. 품격이 엿보인다. 상황에 맞는 재치가 돋보인 스피치라 할 수 있다.

이상의 세 가지로 윤여정 씨의 스피치를 설명할 수 있다. 그의 스피치에 대해 인터넷에서는 '사랑스럽다'라는 반응이 이어졌고, 영화감독 에드가 라이트는 자신의 트위터에 '전체 시상식 시즌에서 우승했다'라는 글을 남겼다.

윤여정 씨는 시상식 후 기자회견에서 '무척 고상한 척하는 사람들'이라는 표현을 어떻게 생각했는지에 대한 질문을 받았다. 그는 영국을 여러 차례 방문했고, 10년 전 배우로서 케임브리지 대학에서 펠로우십을 했는데 그들이 모두 고상한 척을 했다며, 자신의 솔직한 느낌이라고 대답했다. 역시 멋진 스피치는 그냥 나오는 게 아니다. 경험이 녹아 있었다. 이게 바로 내공이다.

좋은 스피치는
청중에 의해 탄생한다

보통 좋은 스피치가 청중을 감동시키지만 때로는 좋은 청중이 좋은 스피치를 탄생시킨다. 감탄할 만한 스피치는 감탄을 잘하는 청중에 의해 탄생된다는 의미다.

만약 윤여정 씨가 우리나라의 영화 시상식에서 똑같이 말했다면 어땠을까? 분명 '순수하고 정제되지 않은 정직함', '더 높은 수준으로 전달될 수 없는 감사' 등의 가슴 뭉클한 평가가 나오지 않았을 것이다. 그냥 '한 말씀' 한 것으로 지나쳤을 가능성이 크다. 어쩌면 자신의 이름을 불러주지 않았다고 삐지거나 시비를 거는 사람이 있었을지도 모른다. 특별한 메시지 없는 밋밋한 수상 소감이었다며 기사로 다루지 않았을지도 모른다.

뒤집어 말하면 우리나라에서는 청중의 환호와 공감을 이끌어내기가 매우 어렵다는 의미다. 기대치가 높아 스피치하기가 그만큼 더 힘들다. 그러니 이제부터라도 남의 스피치를 대할 때 시비 걸며 따질 생각은 접어두고 마음껏 감동을 받자. 그리고 박수를 쳐주자.

품격과 유머,
인생을 담은 말하기

•

계속해서 윤여정 씨의 스피치를 다루
도록 하겠다. 그의 스피치가 계속해서 폭발적 관심을 끌
었으니까. 이제 드디어 미국의 오스카다! 2021년 4월
26일 오전 LA의 유니온 스테이션에서 개최된 제93회 미
국 아카데미 시상식에 참석한 윤여정 씨는 브래드 피트
가 자신을 오스카상 여우조연상 수상자로 발표하자 상
기된 표정으로 일어나 단상으로 걸어 나갔다. 이미 그의
스피치 실력이 잘 알려졌기에 많은 사람이 그의 소감을

집중해 지켜보았다. 그는 특유의 표정으로 스피치를 시작했다.

앞서 행한 스피치는 화상 인터뷰 형식으로 진행한 40초 ~1분 정도의 단순 인사말인 반면, 이번에는 정식 스피치, 제대로 된 '3분 스피치'였다.

그의 스피치는 외견상 '즉석 스피치'의 모습을 보였지만 준비 스피치라 할 수 있다. 즉석 스피치는 말 그대로 어떤 계기로 호명을 받아 즉석에서 연설 원고 없이 스피치를 하는 형식이다. 그런데 이번에는 다르다. 코로나19 팬데믹의 으스스한 상황에서 미국까지 날아가 시상식에 참석했다면 '어쩌면 내가 수상자로 뽑힐지도 몰라. 그럼 뭘 어떻게 말해야 하지?'라는 생각에 상상력을 동원해 어느 정도 준비를 했을 것이다. 연설 원고를 쓰지는 않았더라도 머릿속으로 구상을 끝냈을 것이다.

사실 완벽한 의미의 즉석 스피치는 별로 없다. 대개 어떤 모임이나 행사장에 간다면 어느 정도는 자기가 말을 해야 할 수도 있다는 것을 예측할 수 있으니까. 그러니 앞의 스피치도 엄밀한 의미에서는 즉석 스피치의 형식을 띤 준비 스피치라 할 수 있다.

단상에 오른 그가 활짝 웃는 얼굴로 입을 열었다. 그 순간 세상은 그에게 주목했다.

"브래드 피트 씨, 드디어 만났네요. 우리가 털사에서 촬영할 땐 어디 계셨던 거예요? 만나서 정말 영광이에요."

스피치는 이렇게 시작됐다. 3분 10초 정도의 스피치를 여기에 모두 옮기지는 않는다. 스피치를 잘하고 싶은 마음을 갖고 있다면 분명 동영상을 찾아보지 않을까? 그것도 서너 번은 반복해서 봐야 세계적인 스피치에 대한 예의라 생각한다.

이전의 스피치와 마찬가지로 그는 품격과 유머, 그리고 내공 있는 입담을 여지없이 보여줬다.

"제 이름은 윤여정입니다. 유럽의 많은 이들이 제 이름을 '어영'이라고 하거나 그냥 '유정'이라고 부르는데, 오늘은 여러분을 모두 용서해드리겠습니다."

웃음이 터졌다. 유머는 이렇게 하는 것이다. 서양인들이 자신의 이름을 제대로 발음하지 못하는 것을 마음에 담아두었다가 이렇게 터트렸다. 재치 있는 유머로 자신의 이름을 정확하게 알렸다. 엉뚱한 야담이나 저질 유머로 성희롱, 특정 직업에 대한 비하 논란 등 종종 뉴스거리를 제공하는 유명인사들은 제발 참고 좀 하기 바란다. 한마디를 던져도 이렇게 던져야 한다.

그러고는 〈미나리〉 제작에 참여한 감독과 출연진에 대한 감사, 자신이 처음 영화에 데뷔했을 때 첫 감독에 대한 회상과 감사, 사랑하는 아들들에 대한 이야기 등을 대화를 나누듯 자연스럽게 이어갔다. 특히 그의 품격이 드러난 부분이 있다. 여우조연상을 두고 경쟁했던 다른 배우들에 대한 배려가 무척이나 돋보였다.

"우리는 각자 다른 역을 연기했잖아요. 우리끼리 경쟁할 순 없습니다. 오늘 제가 여기에 있는 것은 단지 조금 더 운이 좋았기 때문입니다. 미국인들이 한국 배우를 대접하는 방법일 수도 있죠."

절묘하다. 멋지다. 그 말을 듣고 감동스러운 표정으로 활짝 웃는 경쟁자들의 모습이 지금도 눈에 선하다. '우리는 각자 다른 역을 연기했고, 서로 경쟁 상대가 될 수 없다'라는 말에 얼마나 위안을 받았을까. 수상자 후보에 오

른 사람은 누구나 오스카상 수상자라는 선언이요, 최상
의 위로의 말이다. 이런 표현을 할 수 있다는 점에서 윤
여정 씨는 대단한 실력자다.

어떤가? 이에 대해 미국의 〈워싱턴포스트〉는 "윤여정
은 최고의 수상 소감을 했다"라며 칭찬을 아끼지 않았고,
시사 잡지 〈애틀랜틱〉은 "금년도 아카데미 쇼의 스타는
윤여정이다. 그의 수상 장면을 지켜보는 것이 왜 그렇게
즐거운지를 보여주었다"라며 극찬했다. 〈뉴욕타임스〉는
'오스카 최고와 최악의 순간들'을 꼽는 기사에서 그의 스
피치를 최고로 꼽으며 "윤여정은 영국 아카데미 시상식
수상 소감에서 보여준 것과 비슷하면서도 더 익살스러운
활력을 시상식에 불어넣었다"라고 평했다. 말의 힘, 스피
치의 힘이 이 정도다. 세계를 들었다 놨다 하며 많은 사람
을 감동시킨다.

지금까지 윤여정 씨의 스피치를 분석해보았다. 무엇을
느끼고 무엇을 배웠는가? 조금만 노력하면 우리도 얼마
든지 품격 있는 좋은 스피치를 할 수 있다. 물론 윤여정
씨의 스피치를 누구나 흉내 낼 수는 없다. 그의 스피치에

는 그의 삶과 인생관, 살아오면서 쌓인 내공이 스며 있기 때문이다. 그러나 당신도 할 수 있다. 당신은 당신 나름의 삶과 인생관이 있으니까. 그것을 조금만 다듬어 당신 스타일로 표현하면 된다. 그러면 된다. 어려울 것 하나 없다.

스피치에 있어 중요한 것은 자신감이다. 스피치가 스피치지 뭐 대순가? 깔봐서는 안 되지만 그렇다고 공포를 느끼거나 자신감을 상실할 이유는 전혀 없다.

제2부 ,

말이 곧
경쟁력이다

말은 단순한 커뮤니케이션의 도구가 아니다. 그것은 때로 마술이 되고 마법이 된다. 사람의 마음을 사고 심지어 적의 마음까지도 돌릴 수 있게 하니까. 오늘날과 같은 소통의 시대에는 짧은 말 한마디로 자기의 생각을 제대로 표현할 줄 아는 능력을 갖춰야 한다. 그러기 위해서는 평소에 말에 대하여 깊은 관심을 갖고 좋은 콘텐츠로 자신을 채우는 노력을 해야 한다. 그것이 바로 내공을 쌓는 길이다.

말이 곧
경쟁력이다

·

요즘 우리나라에 스피치 태풍이 불었
다. 윤여정 씨로 인해 말의 힘을 충분히 실감했는데, 불
과 한 달 보름 후에 '국민의힘' 대표로 36세 청년 이준석
씨가 선출되면서 다시 한 번 말에 대해 생각하게 되었다.
당대표 당선 전후 며칠 동안 보여준 그의 입담은 깊은
인상을 주기에 충분했다. 옳고 그름의 차원이 아니다. 후
보자 토론에서도 그랬고, 기자회견에서도 그랬다. 우선
시원시원하다. 정면돌파형 달변이다. 말만 빠르다고 시

원함이 느껴지는 것은 아니다. 나름의 논리가 명쾌하다는 의미도 되고, 돌직구라는 의미도 된다. 정치인이다 보니 반대파거나 그를 싫어하는 사람은 '닥치고 비판'하겠지만!

자신이 직접 연설문을 쓸 정도로 스피치에 자신 있기 때문일까? 그는 당선 후에 가진 인터뷰에서 "정치인은 메시지 능력이 있어야 한다"라며 앞으로 청년 정치를 활성화하기 위한 토론 배틀과 연설대전을 하겠다고 밝혔다.

어쩌면 앞으로 TV조선의 〈미스·미스터 트롯〉 형태의 스피치 오디션을 수시로 보게 될지도 모른다는 생각이 든다. 아니, 벌써 비슷한 일이 벌어졌다. 이 대표가 공약으로 내건 '대변인 선발 토론 배틀'이 그것이다. 2030 젊은이를 비롯해 79세 노년까지, 그리고 이름만 대면 알 만한 쟁쟁한 사람들이 경쟁을 벌였다. 경쟁력이 무려 141대 1이다.

이건 스피치 역사(?)에 일대 사건이다. 지금까지 이런 일이 없었으니까. 역시 말의 중요성을 아는 신세대 리더

다운 발상이요, 아이디어다. 실제로 결승전에 이르면서 사람들의 관심은 폭발적이었고, 그에 덧붙여 그 정당 스스로 흥행에 성공했다며 만족했으니까.

예상컨대 앞으로 각 정당이 이런 식의 선발 테스트를 앞다투며 할 것 같다. 선수를 빼앗긴 당에서는 더 호기심을 자극할 방법, 기발한 수법으로 스피치 경쟁을 할지도 모른다. 〈미스·미스터 트롯〉이 인기를 끌자 다른 방송사에서도 이와 유사한 이름을 내걸고 트롯 경쟁을 했듯 말이다.

그뿐만이 아니다. 이 바람은 스피치 학원의 호황으로 이어질 수도 있다. 우리나라 선수가 골프 대회에서 우승하면 골프 연습장이 붐비지 않는가. 피겨, 야구, 축구 등의 분야에서 스타가 탄생하면 아이를 닦달하며 학원에 보내거나 개인 코치를 붙이는 부모의 성화가 스피치 학원으로 옮겨 갈지도 모른다. 그 힘든 영어를 배우는 것보다 우선 우리말부터 잘해야 한다면서.

그래 맞다. 외국어 능력을 키우기 위해 얼마나 고생들을 하는가. 오랜 시간과 많은 돈을 투자한다. 해외 연수까지 하며 머리를 싸매고 덤벼든다. 그런데 조금만 다듬으면 외국어를 하는 것 이상으로 경쟁력이 높아질 우리말 스피치에 게으른 까닭은 무엇인가?

외국어를 하지 말라는 이야기가 아니다. 우선 우리말 능력부터 향상시켜놓고 보자. 원래 우리말을 잘하는 사람이 외국어도 잘한다고 하지 않는가. 외국어만 인재의 조건이 되는 것은 아니다. 우리말도 '회화'가 가능한 수준을 훨씬 뛰어넘어 남들이 감탄할 스피치의 고수가 될 필요가 있다. 그것에 대한 노력이야말로 그 어느 것보다 보상이 확실한 투자다. 남들과 확실히 차별화할 수 있는 지름길이다.

경영학자 피터 드러커는 인간의 능력 중 발표력을 가장 중요시했고, "21세기는 스피치 시대다"라는 말을 남겼다. 전 제너럴 일렉트릭 CEO 제프리 이멜트는 리더가 되려면 끊임없이 배우고 어떻게 가르쳐야 하는지 교수법을 익히라고 권고했다.

그들의 권고가 아니더라도 스피치를 잘하는 것은 사회생활을 하는 데 대단히 소중한 능력이 된다. '말'이야말로 자기 관리의 핵심이라 할 수 있다. 자신의 스피치 능력은 어느 수준인지, 어떻게 해야 경쟁력을 높일 수 있는지 돌아보는 시간을 가져보자.

적도 내 편으로 만드는
말의 위력

•

"말은 한때 마술이었다."

100년 전 사람인 지그문트 프로이트가 한 말이다. 그가 말한 '한때'는 언제일까? 자기 시대일 수도 있지만 그의 어록을 듣고 문득 떠오른 것은 고대 그리스나 로마를 다룬 영화였다. 영화에서 당시 학자나 정치가들은 웅변의 고수임을 자주 보았을 테니까.

기원전 4~5세기경부터 고대 그리스 사회 중 전성기를 누렸던 아테네 도시국가에서 당시 최고의 학문으로 자리 잡았던 것이 수사학임을 감안하면 영화의 장면이 과장은 아니다. 분명 다 고증을 했을 것이다.

세상이 너무 험난해 '수사'라고 하면 경찰이나 검찰 등을 떠올릴 수도 있지만, 수사(rhetoric)는 본래 '청중을 앞에 둔 사람의 웅변술'을 뜻하는 말이다. 어떠한 생각을 다양한 방식으로 능숙하게 전달하는 기술이요, 사람을 설득하는 예술이다. 로마제국의 귀족들이 교묘한 논리로 연설을 하여 대중을 설득하고, 자신들의 권력을 합리화해 지위를 누리며 한몫 챙겼다는 것을 떠올리면 정말이지 스피치는 '사람을 속이는 마술'과 같다는 생각도 든다.

그러나 프로이트가 실수한 것이 있다. 미래를 보지 못했다. 말은 '한때' 마술이었던 것이 아니라 늘 마술처럼 작용했고 지금도 마찬가지다. 정치에서도, 친구들과의 대화에서도, 심지어 TV 홈쇼핑에서도 그렇다. 말로 사람들을 현혹한다. 눈가림을 한다.

요즘 패널들을 모아놓고 어떤 이슈에 대해 토론하는 TV 프로그램을 보면 정말 웃긴다. 초등학생들도 명확하게 대답할 수 있는 상식적인 이슈를 놓고 어쩌면 그렇게 엉뚱한 주장을 펼치는지! 이건 마술도 아니다. 뻔뻔함이다. 마술은 적어도 신기해하며 속아 넘어가기라도 하지만 이건 정말 뻔뻔한 것이니 속지도 않는다. 속만 상할 뿐이다.

그러나 그런 엉터리가 아니라 논점이 갈리는 이슈를 대상으로 해석을 달리하고 논리를 바꿔 사람들의 공감을 이끌어내 마음을 움직인다면 그건 확실히 마술이다. 아니, 눈속임과 귀속임을 하는 마술이 아니라 대단한 마법이다.

스피치의 마법을 보여준 것으로 자주 인용되는 사례가 있다. 때는 2002년 4월 6일! 당시 새천년민주당 노무현 대통령 후보가 지금까지 회자되는 역사적(?)인 연설을 했다. 장인의 좌익 활동을 문제 삼는 공세를 한 방에 방어한 스피치였다.

인천 경선장에서 라이벌 이인제 후보의 연설이 먼저 시작됐다. 그는 전세를 뒤집을 회심의 카드로 노무현 후보 장인의 좌익 활동을 언급하며 목소리를 높였다.

"급진좌파가 우리 당을 점령하고 나라의 장래를 어둡

게 만드는 것을 막기 위해 분연히 일어났습니다."

노무현 후보가 답할 차례였다. 그는 마이크 앞에 서서 격양된 표정과 어조로 이렇게 받아쳤다.

"제 장인은 좌익 활동을 하다 돌아가셨습니다. 제가 결혼하기 훨씬 전에 돌아가셨는데, 저는 이 사실을 알고 제 아내와 결혼했습니다. 그리고 아이들을 잘 키우고 지금까지 서로 사랑하며 잘 살고 있습니다. 뭐가 잘못됐습니까? 이런 아내를 버리란 말입니까? 그렇게 하면 대통령 자격이 있고, 이 아내를 그대로 사랑하면 대통령 자격이 없다는 것입니까? 여러분, 이 자리에서 여러분께서 심판해주십시오. 여러분이 그런 아내를 가지고 있는 사람은 대통령 자격이 없다고 판단하신다면 저는 대통령 후보를 그만두겠습니다. 여러분이 하라고 하면 열심히 하겠습니다."

통쾌한 논리다. "이런 아내를 버리란 말입니까?"라는 한마디로 좌익 활동 논란은 사라졌다. 오히려 인천 경선에서 1위로 통과했다.

"이런 아내를 버리란 말입니까?"

이 말은 앞으로도 종종 반박의 논리, 곤혹스러움을 뒤집는 마법의 논리로 사람들이 오래오래 잘 이용할 것이다. 때로는 모방을 통해서.

스피치를 왜 마법이라 하는지 이해가 되는가? 말의 위력, 사람의 마음을 바꾸는 설득의 논리가 어떤 것인지 알겠는가? 왜 말을 새롭게 배워야 하는지 마음에 와닿는가?

스피치 능력은
모방에서 시작된다

•

스피치를 잘하고 싶은가? 그런데 왜 잘 안 되는 걸까? 재주를 타고나지 못해서? 그럴 수도 있다. 말은 확실히 재주다. 타고난 재주다. 수많은 책과 전문가들이 훈련으로 얼마든지 극복할 수 있다고 하지만, 여기에 함정이 있다. '얼마든지'가 그것이다. 얼마든지 극복할 수 있지만 그러려면 '얼마나' 훈련을 해야 할까?

전문 말꾼이 되기 위한 것이 아닌 한, 훈련을 한다는 게 쉬운 일이 아니다. 더구나 나이 들어 그런 훈련을 한

다는 것은 거의 불가능하다. 그나마 가능성을 높이려면
조금이라도 젊었을 때 하는 게 맞다.

나는 대학교 3학년 때 스피치 훈련을 한다고 고향 뒷
산에 올라가 혼자 연설을 하곤 했다. 돌아보면 참 순수했
다. 1970대 초 인터넷도 없던 시절이라 연설 사례를 얻
을 수 없어 당시 박정희 전 대통령의 연설문을 신문에서
오려내 하숙방에 붙여놓고 마치 대통령이라도 된 듯 그
의 어조를 흉내 내며 그럴듯하게 연설 연습을 했다.(14대
대통령은 내가 하겠다고 큰소리치며 연습했는데… 꿈은 이뤄진다는
말은 허구다.)

나는 아직도 그때 연습했던 연설문의 구절을 기억하
고 있다. 하나는 1967년 1월 연두교서 발표 시에 행했던
연설로 "우리들의 후손들이 오늘에 사는 우리 세대가 그
들을 위해서 무엇을 했고, 조국을 위해서 어떠한 일을 했
느냐고 물을 때…"로 마무리되는 부분이고, 또 하나는
같은 해 7월 1일 거행된 대통령 취임식 연설에서 "단군
성조가 천혜의 이 강토 위에 국기를 닦으신 지 반만년,
연면히 이어온 역사와 전통 위에…"로 시작되는 부분이

다. 젊은 날에 그런 연습을 했기에 50년, 반세기가 지났는데도 외우고 있는 것이다.

그렇다면 나이가 들었거나 집중적으로 훈련을 쌓을 여건이 안 된다면 단시간에 스피치 능력을 키우는 방법은 없을까? 그동안 스피치를 연구하면서, 또 나의 경험으로 봤을 때 방법이라고 하면 좋은 스피치를 많이 접해야 한다. 항상 스피치에 대한 관심을 갖고 그들이 어떤 식으로 말하고 어떤 표현을 쓰고 어떤 논리로 주장하고 설득했는지를 공부하고, 좋은 스피치를 머릿속에 넣어두어야 한다. 나는 스피치 능력은 모방에서부터 시작된다고 믿는다.

앞서 윤여정 씨의 사례와 노무현 전 대통령의 사례를 소개했지만, 당신은 당신대로 좋은 스피치를 골라 훈련 교재로 삼으면 된다. 심지어 어떤 모임에서 누군가가 말을 잘하는 장면을 목격하면 메모를 한 뒤 사례로 공부하면 된다. 때로는 모범 사례로 삼고, 때로는 반면교사로 삼으면 된다. 그런 과정을 반복하면 내공이 쌓이고 발전한다.

스피치를 잘하기 위해 그렇게까지 하라고? 글로 읽으니 엄청난 것 같고, 시도 때도 없이 스피치만 생각하고 훈련하라는 것처럼 느껴질 수도 있지만, 그게 아니다. 기회가 있을 때마다 틈틈이 하면 된다. 그런 사례를 모으는 것 자체가 의외로 재미있다. 한 번 관심을 갖게 되면 친구들과의 모임에서도 좋은 '거리'를 발견하게 된다. '바보상자'라 불리는 TV를 보더라도 바보가 되는 게 아니라 능력 개발이 된다. 문제는 '마음먹기'다. 아무것도 하지 않으면 아무것도 되지 않는다. 이건 진리다.

최고의 스피치에서
깨달은 것

•

나는 스피치는 사례로 배우는 게 최고라고 생각한다. 이번에는 역사상 최고의 스피치를 가지고 공부해보자. 링컨 전 미국 대통령의 게티즈버그 연설이 그것이다.

남북전쟁이 한창이던 1863년 11월 19일, 링컨은 전쟁의 전환점이 된 격전지 게티즈버그(펜실베이니아 주)를 방문하고 전몰자 국립묘지 봉헌식에 참석해 연설을 했다. 이 연설이 모범 사례인 이유는 즉석 스피치의 형식을 갖

추었지만 치밀하게 계산되고 계획된 준비 스피치라는
점, 3분을 넘지 않는 짧은 스피치라는 점 때문이다.(2분을
조금 넘겼다는 설도 있다.) 이를테면 '3분 스피치'다. 또한 품
격 있고 설득력 있는 말로 청중을 감동시켰다. 그렇기에
역사에 남았다.

이 연설문의 정확한 내용에 대해서는 논란이 있다. 연
설문의 필사본이 5개나 있고, 각각 조금씩 차이가 있
어 연설의 전문은 추측할 수밖에 없는 상황이다. 그래서
266단어라는 설도 있고, 272단어라는 설도 있다.

어쨌거나 우리 글로 바꾸어도 200자 원고지 5매를 넘
지 않는다. 짧은 스피치다. 그 짧은 스피치가 역사상 최
고의 연설로 꼽히는 이유는 무엇일까? 흥미진진해서? 유
머를 사용해서? 그렇지 않다. 바로 '내용'이 돋보이기 때
문이다. 스피치는 뭐니 뭐니 해도 내용이 핵심이다.(이번
기회에 게티즈버그 연설문을 찾아 읽어보는 것도 의미 있을 듯하다.)

행사의 기조 연설자는 당시 최고의 웅변가이자 하버
드 대학 총장을 지낸 에드워드 에버렛이었다. 그가 역사
상 가장 길었다는 장장 2시간에 걸친 스피치를 마치자

뒤를 이어 링컨이 연단에 올랐다. 이날 링컨은 주 연설자가 아니라 '대통령 격려사' 정도의 역할만 하면 됐다. 2시간짜리 연설에 지쳐 있던 15,000여 명의 군중에게 링컨은 짧은 스피치를 한 것이다. 누구도 예상치 못한 짧은 연설이었기에 사진사가 플래시를 미처 터뜨리지 못할 정도였고, 사람들은 '국민의, 국민에 의한, 국민을 위한 정부는 이 지상에서 결코 사라지지 않을 것입니다'라는 끝부분만 제대로 들었다고 한다.

그러나 이후 에버렛은 "내가 2시간 동안 한 연설의 핵심을 각하는 단 3분 만에 해치우셨습니다"라고 말하며 칭찬과 탄식을 했다는 일화가 있을 정도로 엄청난 연설이었다.

링컨의 스피치가 명연설인 이유는 무엇인가? 담을 수 있는 내용을 다 담았으면서도 짧다는 데 있다. 군더더기 없이 간결하다. 그러면서도 미국이라는 나라의 명분, 남북전쟁의 의미, 자유의 가치, 민주정부의 원칙을 명확히 포착해 제시했다. 쉬운 말을 구사하면서도 강력하고 감동적이다.

말하고자 하는 메시지도 분명하다. 연설에서 가장 많이 사용한 핵심어를 보면 알 수 있다. 'dedication(봉헌)'이라는 핵심어를 명사, 동사, 형용사 형태로 여섯 차례 사용했고, 연관어 'devotion(헌신)'도 두 차례 사용하여 그가 전하고자 했던 메시지가 무엇인지 명확하게 드러났다.

이 역사적인 명연설을 준비하기 위해 얼마나 많은 시간을 들였을까? 한 자료에 다르면, 이 연설은 링컨이 게티즈버그로 가는 열차 안에서 편지 봉투 겉면에 서둘러 쓴 것이라고 한다. 그러나 그것은 사실과 다른 '전설'이다. 즉석에서 쓴 원고만으로는 그렇게 정제된 언어와 짜임새 있는 구성을 잘 만들 수는 없다. 어떤 천재도 불가능하다.

링컨이 신임했던 기자 노아 브룩스에 따르면 봉헌식 며칠 전까지도 링컨은 이렇게 말했다고 한다.

"연설문 초안을 만들었으나 아직 완성하지 못했다."

이를 통해 링컨이 게티즈버그 연설을 위해 머리를 쥐어짰다는 사실을 알 수 있다. 링컨의 성격, 연설문이 지닌 고도의 짜임새, 어휘 선택과 수사적 구도 등을 보면 그의 연설은 한순간의 영감이 담긴 작품이 아니라 상당한 시간을 바쳐 치밀하고 정성스럽게 만든 것임을 알아챌 수 있다.

링컨의 이 연설은 세계 역사의 중요한 장면에 자주 등장한다.

1963년 인권운동가 마틴 루터 킹 목사는 링컨기념관 앞에서 '나에겐 꿈이 있습니다(I have a Dream)'라는 명연설을 했는데, "100년 전, 한 위대한 미국인이…"라고 말하며 링컨의 연설을 상기시켰다. 또한 1958년에 제정된 프랑스 헌법은 링컨의 연설을 인용해 '국민의, 국민에 의한, 국민을 위한 정부'를 공화국 설립의 원칙으로 삼았다. 버락 오바마는 2008년 11월 미국 대통령에 당선된 뒤 "우리는 국민의, 국민에 의한, 국민을 위한 정부가 지구상에 있다는 것을 증명했다"라고 소감을 밝혔다.

그뿐만이 아니다. 우리나라 사람들조차 링컨의 연설을 '마누라의, 마누라에 의한, 마누라를 위한 가정' 등과 같이 유머러스하게 인용하기도 한다.

말을 배우려는 사람은 링컨의 연설이 짧지만 담아야 할 메시지를 모두 담았다는 점, 즉석 연설을 가장한 치밀하게 계산된 연설이라는 점, 무엇보다 품격의 스피치라는 점을 잘 기억하고 교훈을 얻어야 한다.

3분 스피치의 의미

짧은 '한마디'를 다룰 때 그 전형으로 언급되는 것이 '3분 스피치'
다. 그런데 '3분 스피치'라고 하면 별 준비 없이 즉석에서 간단히
말하는 것으로 생각하는 경향이 있다. 잘못된 생각이다. '3분 스피
치'를 스피치의 기본으로 다루는 이유는 3분이면 할 말을 다할 수
있기 때문이다. 3분은 화술 기법과 연사의 말하기 능력을 충분히
보여줄 수 있을 만큼 긴 시간이다. 그러므로 멋진 스피치를 익히려
는 사람은 '3분 스피치'를 제대로 할 줄 알아야 한다.

말없이
말하는 법

•

"여성의 스커트와 연설은 짧을수록 좋다."

이는 링컨이 한 농담으로 알려져 있다. 그가 정말로 성희롱적인 발언을 했는지 의문이다. 스피치와 관련해서 이 말을 언급하는 사람이 꽤 많은데, '성인지감수성' 등 젠더 이슈가 민감한 때에 이런 말을 입 밖으로 내는 것은, 아니 머리에 떠올리기만 해도 좋지 않다. 실제로 얼마 전에 이 말을 인용한 우리나라 한 장관이 여성 단체로부터 거센 항의를 받고 고개 숙여 사과한 일이 있었다.

여기서 내가 링컨의 말을 인용하는 의도는 '연설은 짧을수록 좋다'라는 것에 대한 착각을 지적하기 위해서다. '짧을수록'은 지나친 표현이다. 스피치를 길게 하지 말라는 메시지를 역으로 표현한 것으로 받아들여야 한다. 남의 말을 오랫동안 듣는 건 지루하다. 말하는 사람의 1분과 듣는 사람의 1분은 다를 수밖에 없다.

'짧은 스피치' 하면 떠오르는 사람이 있다. 그날 그의 스피치는 나의 화법과 스피치에 평생 큰 영향을 미쳤다. 아주 오래전, 내가 청년이었을 때의 일이다.

나는 ROTC 장교로 임관하여 전방에서 군 생활을 했다. 우리 부대 사단장은 매우 훌륭한 사람이었다. 회사든 군대든 높은 사람이 등장하면 부하들은 슬금슬금 피하려는 심리가 작동한다. 마주해 좋을 것 없으니까. 장군과 병사와의 관계라면 더 말할 것도 없다.

그런데 별이 번쩍이는 표지판을 단 사단장의 지프차가 나타나면 병사들은 외면하거나 숨는 것이 아니라 오히려 그쪽으로 달려가 환호하며 경례를 할 정도로 사단장의 인기는 대단했다. 처음 그 장면을 보았을 땐 정말

의아했다.

그런데 얼마 지나지 않아 병사들이 그를 존경하고 좋아하는 이유를 알게 되었다. 그는 언성을 높이는 일이 없었고, 부하를 힐책할 때도 욕설 등 극한적인 용어를 사용하지 않았다. '병사들의 마음을 헤아려준다', '언제나 병사들을 존중해준다' 등의 사연이 전설처럼 회자되고 있었다. 특히 내게 강한 인상을 주고, 아직까지 생생한 기억으로 남아 있는 것은 그의 스피치다.

소대장으로 근무할 때 전체 장병이 한곳에 집합해 체육대회를 한 적이 있었다. 사단 창설기념일로 기억한다. 전방 부대에서 경계를 위한 필수 인원을 제외한 사단의 전체 장병이 한곳에 모이기란 쉬운 일이 아니다. 사단장 재임 기간 중 한 번 있을까 말까 한 행사였다.

군대에서의 체육대회는 말로 표현할 수 없을 정도로 필사적이다. 경쟁에서 지면 혹독한 벌칙이 부여되기도 한다. 그러기에 응원전부터 격투기에 이르기까지 사력을 다해 싸워야 한다. 그야말로 전쟁처럼 치열하다.

경기가 모두 끝난 뒤 시상식이 진행되었다. 목숨 걸고

체육대회를 치른 장병들은 지칠 대로 지쳐 있었다. 각 경기에 참여했던 선수들은 물론이고, 응원을 했던 장병들도 목소리가 잠기고, 파김치가 되었다. 선수든 응원단이든 단 하루의 체육대회를 치르기 위해 거의 한 달 동안 실전 같은 연습을 했으니 사정이 어떨지 더 설명하지 않아도 짐작이 갈 것이다.

시상식의 마지막 순서는 사단장의 훈시였다. 그것을 끝으로 그동안의 대장정이 막을 내린다. 그러나 장병들의 머릿속에는 이제 모든 게 끝났다는 안도감과 함께 걱정거리가 밀려들었다. 그것은 바로 소속 부대로 돌아가는 일! 체육대회가 열린 장소에서 부대까지 먼 곳은 10킬로미터가 훨씬 넘었다. 배고프고 지친 몸으로 보병 부대답게 걸어가야 했으니 머리가 복잡할 수밖에.

사단장의 훈시를 듣기 위해 "사단장님께 대한 경례!" 구령이 떨어졌고, 사단장은 전체 장병을 둘러본 뒤 멋지게 거수경례를 받았다. 드디어 그의 스피치가 시작됐다. 그는 이렇게 말했다.

"오늘 모두들 잘 싸웠습니다. 수고 많았습니다. 이상."

이게 전부였다. 스피치라고 할 것도 없다. 10초도 되지 않는 짧은 발언이었지만, 장병들의 감탄과 환호는 대단했다. 나는 그때, 그가 왜 많은 사람의 존경과 인기를 얻고 있는지 알았다.

보통의 사단장이라면 '체력은 국력', '북한', '전쟁', '건전한 신체에 건전한 군인정신' 등을 운운하며 말씀씨를 뽐내려 했을 것이다. 흔치 않은 자리이니 얼마나 할 말이 많겠는가. 그러나 그는 그렇게 하지 않았다. 지칠 대로 지친 장병들의 마음을 꿰뚫고 있었기 때문이다. 이심전심! 말하지 않아도 부하들이 사단장의 지휘 방침을 잘 알겠지라는 믿음이 깔려 있었던 것이다.

감동이었다. 감동이란 상대의 마음을 파고드는 것이고, 그러려면 상대의 마음을 알아야 한다. 스피치를 하는 사람은 청중의 마음을 읽을 줄 알아야 한다. 배고프고 지친 상태로 먼 길을 가야 할 장병들에게 과연 어떤 말이 명연설이 될까? 그때 그 장면, 그의 스피치가 지금도 내 가슴에 선명하게 살아 있다.

그는 그 이후에도 장병들의 마음을 헤아리는 극히 짧

은 스피치로 우리를 감동시키곤 했다. 나는 사단장을 통해 '말없이 말하는 법'을 배웠다. '짧은 말로 청중을 크게 감동시키는 법'을 배웠다. 그것은 내가 스피치를 할 때마다 스스로를 점검해보는 기준이 되었다.

아무쪼록 상황을 읽고 청중의 마음을 헤아리는 스피치를 해야 한다. 때로는 짧은 말이 큰 효과를 거둘 수도 있음을 깨달아야 한다. 짧게 말하고 사람을 감동시키는 사람이 고수다.

말이 길어야
맛이 아니다

•

　　　　사단장의 스피치를 이야기한 김에 하
나 더 소개하겠다. 어느 캄캄한 밤에 군사훈련 시범이 있
었다. 북한군이 야간에 우리 측을 공격했을 때 어떻게 방
어하는지를 보여주는 시범이었다. 그때는 남편들이 고생
하는 모습을 보여주기 위해 하사관급 이상 간부 장병들
의 부인들까지 전방 산꼭대기에 집합되었다. 깊은 밤에
부인들까지 산꼭대기에 모이게 한다고? 흥분하지 마시
라. (물어보진 않았지만) 나는 이것도 사단장의 깊은 배려라

고 생각한다.

함께 생활하지 못하는 어려운 여건을 감안해 후방의 부인들에게 전방의 남편들이 얼마나 고생하는지, 전쟁이란 어떤 것인지 시범을 보여준다는 명분으로 그들을 만나게 해준 것이라 믿는다. 그만큼 사려 깊고 현명한 덕장이었다.

군사훈련 시범이 끝나고 마지막으로 사단장의 훈시 순서가 되었다. 사단장은 스포트라이트를 받으며 간부 장병들과 그 부인들에게 거수경례로 답례를 했다. 그리고 이렇게 말했다.

"오늘 수고 많으셨습니다. 밤길 조심해서 돌아가십시오. 이상!"

그 순간 온몸에 전율이 오는 감동을 느꼈다. 그야말로 내 인생에서 경험한 가장 짧은 명연설 중 하나라 할 수 있다. 아마도 다른 사람이었다면 '야간 방어의 중요성', '북한군의 공격', '안보'에 대해, 그리고 부인들을 의식해 '남편들의 고생', '내조 방법' 등을 구구절절 늘어놓았을 것이다. 물론 감동은 전혀 없었을 것이다.

내침 김에 짧은 스피치를 하나 더 소개한다. 사례를 많이 알아야 써먹을 수 있고 벤치마킹도 잘 할 수 있다. 그런 것이 많이 쌓이면 내공이 된다. 이번에는 짧은 스피치 중 하나로 사람들 입에 자주 오르내리는 가수 조영남 씨의 주례사다. 개그맨 김현철 씨는 한 방송에서 자신의 결혼식에서 행한 조영남 씨의 주례사를 언급했다. 주례석에 자리 잡은 조영남 씨. 드디어 주례사가 시작됐다. 그는 신랑과 신부를 향해 이렇게 말했다고 한다.

"나처럼 결혼 생활하지 않으셨으면 합니다."

이심전심! 신랑과 신부는 물론, 하객들도 그것이 무슨 말인지 다 알아들었기에 뜻은 충분히 전달됐을 것이다. 당연히 폭소가 터졌다. 이것이 바로 그 유명한 10초 주례사란다. 이어 노래를 한 곡 불렀으니 가장 짧은 스피치라 할 수 없을지도 모른다. 따지고 보면 노래도 스피치니까.

짧은 주례사라면 개그계에 이름을 남긴 고(故) 배삼룡 씨의 주례사도 빼놓을 수 없다. 그는 후배 개그맨의 결혼식에서 이렇게 말했다.

"내가 무슨 말을 하려는지 알지? 그럼 됐어."

개그맨답다.

그런데 연예인들만 짧은 주례사를 한 게 아니다. 독립
운동가 김구 선생께서도 짧은 주례사 반열에 이름을 올
렸다. 독립운동을 하다 돌아가신 분의 아들 결혼식에서
이렇게 말씀하셨다.

"너를 보니 네 아버지 생각이 난다. 부디 잘 살아라."

이게 김구 선생의 주례사라니 '설마…' 하는 생각을 지
울 수 없지만 사실이라니 믿자.

말이 길어야 맛이 아니다. 짧아도 얼마든지 감동을 줄
수 있고, 재미를 줄 수 있다. 이런 사례를 통해 '앞으로
나도 짧은 스피치를 해야겠다'라는 결심이 섰다면, 이 글
은 성공이다.

그럼에도 불구하고
짧다고 다 좋은 건 아니다

•

　　스피치는 짧게 하라는 말을 수없이 강
조했다. 그럼에도 단상에 오르면 말을 길게 하기 쉽다.
왜냐고? 하고 싶은 말이 많으니까. 앞서 소개했듯 짧게
주례사를 한 사람이 있는 반면, 길게 주례사를 한 사람
도 있다. 내가 참석했던 한 결혼식에서는 이름을 대면 알
만한 유명인이 무려 40분 가까이 주례사를 했다. 저러다
신랑 신부가 화장실에 가야 할 일이 생기면 어쩌나, 괜히
내가 조마조마했다.

물론 개념 없이 길게 하는 스피치는 절대 금물이지만, 짧게 하라고 해서 무작정 짧아서도 안 된다. 스피치를 하는 목적을 분명히 인식한 상태에서 상황을 반영해 적절히 짧아야 정말 짧은 것이다. 그뿐만 아니라 '누가 말하느냐'도 고려해야 한다.

앞서 소개한 사단장이나 조영남 씨, 배삼룡 씨, 김구 선생 같은 경우는 권위를 인정받는 지위에 있기 때문에 짧은 스피치가 가능하다. 그런데 일반인이 밑도 끝도 없이 무조건 짧게 스피치를 한다면? 품위 없는 장난이 되거나 실력 부족으로 받아들여질 수 있다.

내가 주례사를 하는데 "내가 무슨 말 하려는지 알죠? 그럼 이상 끝!"이라고 말했다고 가정해보자. 참석자들이 겉으로는 폭소를 터트릴지는 몰라도 속으로는 욕을 할지도 모른다. 남의 잔치를 망친 성의 없는 주례라고.

사단장의 교훈(?) 때문에 나도 짧은 스피치를 즐기는 편인데, 두고두고 후회가 되는 일이 있다. 어느 날 춘천에서 벌어진 아내의 동창회에 함께 참석하게 되었다. 승용차를 운전해 아내를 데려다 줬는데, 그만 동창들에게 잡혀(?) 여성들만의 행사에 참석하게 된 것이다.

홍일점, 아니 청일점이었다. 그들은 내가 강원도 정무부지사를 했으니 떡 본 김에 제사 지낸다는 생각으로 나의 축하 메시지를 받고 싶었던 듯하다. 갑자기 나에게 인사말을 해달라고 했다. 정말이지 돌발 상황이었다.

그 당시는 내가 고향인 춘천에서 시장, 국회의원, 도지사 선거 후보 물망에 오르내리던 때였다. 그렇다고 그곳에서 선거를 생각하며 말할 수는 없는 노릇인데다, 준비 없이 마이크를 잡아야 할 상황이었기에 나는 얼른 짧은 스피치의 대가인 사단장님을 떠올렸다. '그래! 나도 짧게 하자!'라는 생각으로 단상에 올랐다.

"여러분, 안녕하세요? 오늘 날씨가 참 좋습니다. 아무쪼록 즐겁고 행복한 날이 되길 바랍니다."

그렇게 짧게 말하고 내려왔다. 그날 밤 나는 아내에게 창피했다고 핀잔을 들어야만 했다. 어쩐지 단상을 내려오는데 다들 '뭐야? 벌써 끝난 거야?'라는 표정으로 나를 바라보았다. 분위기가 썰렁했다. 지금도 그때를 생각하면 얼굴이 화끈거린다. 이건 스피치라 할 수도 없다. 그냥 꾸벅 인사를 한 수준이라고 할까? 너무 짧게 한 나머지 내가 누군지도 이름을 밝히지 못했다. 아내의 동창들은 '뭐 저렇게 싱거운 사람이 있지?', '참 성의가 없네', '저런 사람이 어떻게 선거 후보로 거론이 되는 거지?'라고 생각했을 것이다.

스피치는 가급적 짧게 하라. 이때 '가급적'이란 할 말을 다 담는 조건하에서 짧게 하라는 것이다. 무조건 짧다고 좋은 게 아니다. 단지 짧게 해야 한다는 명분에 사로잡혀 자기를 홍보할 스피치 기회, 좋은 인상을 주고 능력을 과시할 스피치 기회를 날려버려서는 안 된다.

좋은 스피치는
좋은 콘텐츠에서 나온다

•

    스피치는 말재간으로만 되는 것이 아니다. 콘텐츠가 뒷받침되어야 한다. 콘텐츠란 나름의 준비와 내공이다. 준비 스피치는 말할 것도 없지만, 앞서 즉석 스피치도 대부분 '준비된 즉석의 스피치'라고 했다. 즉석의 형식을 띤 준비 스피치다. 즉석에서 생각난 것을 아무렇게나 떠든다고 해서 즉석 스피치가 되는 게 아니다. 아니, 말을 할 수는 있지만 그건 즉석에서 추락하는 짓이다.

청중은 그의 스피치가 단순한 말장난인지, 얼떨결에 내뱉은 말인지, 농익은 내공의 발로인지 기가 막히게 알아차린다. 따라서 평소에 꾸준히 내공을 쌓는 일을 생활화할 필요가 있다.

스피치 좀 하겠다고 평소에 내공 쌓기를 생활화하라는 말을 어렵게 생각할 필요 없다. 지적 축적과 생산의 버릇을 일상화하면 단순히 스피치를 잘하는 것을 넘어 삶의 경쟁력도 높아진다. 그것은 생각만큼 거창한 것도, 번잡한 것도 아니다. 평소 활동에 목적성을 조금만 부여하면 가능하다.

준비 없이 스피치를 하려 할 때 가장 곤혹스러운 것은 빈곤한 자료이다. 자료 빈곤은 곧 실력 부족이다. 그도 그럴 것이, 화제는 평소에 자료로써 준비되어 있거나 머릿속에 실력으로 축적되어 있어야 하는데 그렇지 못하니 당연한 일 아니겠는가.

자료가 빈약하다 보니 고작 일상사의 신변잡기를 화제로 삼아 자기 혼자만의 억지 논리로 스피치를 하게 된다. 설령, 말솜씨와 쇼맨십이 능수능란해 주어진 시간 동안(그것도 짧은 시간) 청중의 이목을 집중시킨다 하더라도 청중은 연사의 '내공'을 눈치 챈다. 청중이 웃는 모습을 보고 자신의 말에 공감하고 있다고 생각해서는 안 된다. 비웃음도 웃음이고, 어이없는 실소도 웃음이다. 내용이 뒷받침되지 않는 스피치는 청중의 감흥을 불러일으키지 못하고, 결과적으로 실패한 스피치가 되고 만다.

그렇다면 스피치 소재는 어디서 구해야 할까? 도처에 깔려 있는 게 화젯거리요, 스피치 소재다. 매일 아침 뉴스 기사만 검색해봐도 몇 가지 소재를 발견할 수 있다. 라디오 소리에 귀 기울여보라. 화젯거리는 얼마든지 얻을 수 있다.

자료는 평소에 관심을 갖고 꾸준히 수집해야 한다. 설령 스피치를 할 기회가 없을 것이라는 판단이 서더라도 컴퓨터나 스마트폰에 자료 방을 만들어 자료를 모아두어야 한다. 이것은 직장인뿐 아니라 생활인으로서 갖춰야 할 기본적인 습관이요, 생활 태도다.

스피치를 할 기회가 많지도 않은데 대체 왜 자료를 모아야 하느냐고 할지도 모른다. 꼭 '스피치 자료'만 모으라는 게 아니다. 당신의 업무와 관련이 있든, 가정생활과 관련이 있든, 관심이 가고 호기심이 발동되는 자료를 모으라는 말이다.

평소에 자료를 모으고 관리해야 할 가장 중요한 이유는 단지 뛰어난 연사가 되기 위해서가 아니다. 그런 좋은 습관을 들이면 세월의 흐름과 더불어 '지적 내공'이 쌓이게 되고, 그것은 회사 업무나 사회생활을 통해 자연스럽게 드러나게 된다. 그리하여 '결정적 순간'에 위력을 발휘하게 되는 것이다.

말솜씨와 내용은 별개의 영역이 아니다. 아는 것(내용)이 많으면 훌륭한 말솜씨가 자연스럽게 발휘된다. 그것이 바로 '내공'이다. 아는 것이 많은데도 스피치를 못하는 사람이 있는데, 그것은 요령이 없기 때문이다. 그래서 이 책을 읽는 것 아닌가. 또한 내공이란 지식만을 말하지 않는다. 상황에 적절히 대응하는 센스 자체가 내공의 결과다.

당신은 자신만의 자료 방을 가지고 있는가? 수시로 자료를 구해 입력하며 잘 관리하고 있는가? 자료 방 없이 스피치를 잘 한다는 건 불가능하다. 어쩌다 한두 번은 가능할지 모르나 분명 곧 실력이 드러날 것이다. 말이 곧 실력임을 잊어서는 안 된다.

3개의 자료 방

자료 방을 만든다면 3개 분야로 나누기를 권한다. 이건 나의 실패 경험에서 나온 지혜다. 처음에는 의욕이 앞서 여러 분야로 세분해 분류했는데, 그것은 과욕이었다. 자료 수집과 관리는 심플할수록 좋다. 그래서 3개 분야로 정리할 것을 권하는 것이다.

첫 번째는 자신의 업무와 관련된 자료를 모으는 방, 두 번째는 업무 외 관심 있는 분야의 자료를 모으는 방, 세 번째는 유머거리를 모아 두는 방이다. 물론 당신의 관심 분야가 다양하면 더 마련해도 무방하다.

내가 이렇게 3개 분야로 정리하는 이유는 A라는 필요에 의해 수집한 자료를 B라는 필요에도 써먹을 수 있기 때문이다. 자료끼리 연관성이 있는 경우가 많다. 예를 들면 부부 관계에 대한 자료를 직장 리더십에 적용할 수도 있다.

호기심을 자극하는 건
모두 잡아라

●

　　　스피치를 할 때 가장 좋고도 쉬운 방
법은 '사건·사례·예화'로 말하는 것이다. '백문(百聞)이
불여일견(不如一見)', 아니 '백문(百聞)이 불여일사(不如一
事)'다. 백 번 이론적 설명을 하는 것보다는 한 가지 사례
나 예화를 제시하는 것이 더 낫다는 사실을 강조하기 위
해 억지로 만든 말이다.

　자료 방을 만들었는데, 어떻게 채워야 할까? 스피치의
콘텐츠가 될 사건·사례·예화·좋은 어록, 통계, 즉 이야

깃거리를 어디에서 구해야 할까? 한 개인의 경험에는 한계가 있을 수밖에 없다. 그러나 구하면 얻을 수 있고, 두드리면 열리게 되어 있다.

얼핏 생각하면 막막하다. 그러나 목표를 확실히 정하고 세상을 스크린하면 세상만사가 스피치 자료로 다가온다. 평소에는 생각나지 않던 사건·사례·에피소드도 머릿속에 떠오른다. 매일 출근길에서 무심히 바라보았던 거리의 광고판도 유용한 이야깃거리가 될 수 있음을 알게 된다. 도처에 깔린 것이 스피치 자료임을 깨닫게 된다.

책과 신문은 물론, TV 프로그램, 영화, 심지어 길거리 풍경도 유심히 보는 습관을 기를 필요가 있다. 그것은 잡다한 일에 시간을 낭비하거나 정력을 소진하는 일이 결코 아니다. 그런 습관은 꼭 스피치를 위해서만 필요한 것이 아니다. 생활인으로서 그런 습관을 들여놓으면 창의력과 경쟁력을 키울 수 있다.

같은 길을 걸어 출근하는데도 어떤 사람은 유용한 에피소드를 발견하는 반면, 어떤 사람은 그런 것이 스쳐 지나갔는지조차 모른다. 전자의 사람이 분명 더 경쟁력 있을 것이다.

무엇이든 당신의 호기심을 자극하는 것, 신기하거나 의외성이 있거나 그럴듯하거나 흥미로운 것은 메모, 동영상 촬영 등 어떤 형식으로든 모아두어야 한다.

다음으로 자료를 모을 수 있는 좋은 기회는 남들과 대화할 때다. 대화를 나누는 상대방으로서는 가장 좋은 정보, 가장 귀 기울일 사례, 가장 웃기다고 생각하는 것을 말하기 때문이다. 그 사람 입장에서는 이야기할 만한 가치가 있고 특이하기 때문에 말해주는 것이다.

세미나, 강좌, 신문, TV, 라디오, 친구들과의 대화 등에서 유익한 이야기를 접했다면 즉시 기록해두어야 한다. 특히 유머러스한 예화는 동료들끼리 나누는 일상적인 잡담에 많이 있다. 신문이나 잡지, TV 등에서 얻게 되는 유머 소재는 다른 사람들도 알고 있는 경우가 많다. 그래서 사용에 제한을 받는다. "와우!"라는 감탄을 불러오기가 쉽지 않다. 그러나 가까운 사람과 잡담을 하는 도중에 누군가가 좌중을 웃긴 이야기는 매우 현장감 있다. 유머의 가치를 그 자리에서 이미 검증받은 셈이 된다. 따끈따

끈하다. 그것을 기록해두면 훗날에 아주 요긴하게 사용할 수 있다.

이제부터 개인적 만남에서 듣게 되는 다른 이들의 이야기에 관심을 갖고 귀 기울이자. 의외로 훌륭한 화젯거리를 발견하게 된다. 남의 이야기에 귀중한 진주가 있는 법이다.

여기서 한 가지 중요한 팁이 있다. 그렇게 수집하고 발견해낸 사건·사례·예화를 스피치의 이야깃거리로 그대로 활용하기는 효용가치가 낮다. 가공해야 한다. 원석을 다듬어 남들이 감탄하는 보석으로 만드는 것처럼 말이다. 사건·사례·예화 역시 잘 다듬고 각색하고 보완해야 쓸 만한 이야깃거리가 된다. 즉, 자기 것으로 만들어야 한다.

탁월한 연사들은 똑같은 자료를 자기 나름대로 재해석해 탁월한 이야깃거리를 창조한다. 요리사들이 같은 식재료를 사용해 전혀 다른 요리를 만들어내듯 말이다.

어느 교수의 노력

L 교수는 교회에서 주관하는 수련회에 참석하기 위해 버스에 올랐다. 버스가 출발하자 사회자는 참석자들에게 돌아가며 자기소개 겸 장기자랑을 하라고 요구했다. 대부분 주부였는데, 기막힌 재담과 유머가 난무했다. 그러자 L씨는 슬그머니 수첩을 꺼내 그 내용들을 찬찬히 기록했다.

L 교수의 가방에는 두 권의 수첩이 들어 있었다. 하나는 특정 장소에서 채집한 유머 자료나 이야깃거리를 즉석에서 기록하는 수첩, 또 다른 하나는 그것을 자기 버전으로 각색하는 등 다양하게 활용할 수 있도록 정리해 기록하는 수첩이었다. 미루어 짐작했을 때 L 교수의 강의는 흥미진진하고 재미있어 학생들에게 인기가 많을 것이다.

프로는 다르다. 그런 과정을 되풀이하며 내공을 쌓는다. 하지만 아마추어들은 프로의 피나는 노력과 속사정도 모르고 너무나 쉽게 말한다. "말재주를 타고나서 그렇게 말을 잘하는 거야"라고.

스피치 원고는
말하듯이 쓰면 된다

•

즉석 스피치는 말 그대로 현장에서 즉석으로 스피치를 하는 것이다. 그렇기에 원고를 작성할 필요가 없다. 즉석 스피치라도 앞서 먼저 스피치하는 사람이 있어 스피치를 구상할 수 있는 시간이 몇 분이라도 주어진다면 얼른 스피치의 중요 키워드나 논리 전개 순서를 메모할 수는 있다. 그러나 대부분의 즉석 스피치는 별안간 벌어진다.

반면 준비 스피치는 원고를 미리 작성해야 하는 경우

가 많다. 나중에 원고를 보고 읽지 않는다 해도 원고를 준비해야 한다. 중요한 것은 자신이 직접 원고를 작성해야 한다는 점이다. '그럼 원고를 직접 쓰지 누가 써?'라고 생각한 사람도 있을 것이다. 대부분은 본인이 직접 작성하지만, 지위가 있다면 담당 부서 또는 비서 역할을 하는 사람이 대신 작성해주기도 한다.

아무튼! 스피치 원고는 자신이 직접 작성해야 한다. 나도 직장생활을 하며 지위가 오르고 스피치를 할 기회가 많아졌지만, 스피치 원고는 항상 직접 작성했다. 밤을 지새워서라도 말이다. 링컨도 직접 한 일을 내가 뭐라고!

스피치 원고를 다른 사람이 작성해줄 경우, 직업적 스피치라이터가 아닌 한, 나의 생각을 제대로 표현하기 힘들다. 용어 선택부터 나답지 않다. 그것을 잘 알기에 직접 작성한다.

단, 스피치 원고의 얼개가 잘 잡히지 않거나 좋은 사례, 명언, 통계 등 인용한 것에 부족함을 느낀다면 자기를 보좌하는 사람에게 일정한 지침을 주고 원고를 작성하게 할 수는 있다. 그러면 좋은 표현, 의미 있는 통계, 알지 못했던 명언, 나와 다른 논리 전개 방법 등 참고할 만한 귀한 자료를 얻을 수 있고, 그만큼 원고 작성이 수월해진다. 그러나 그런 경우라도 마무리 작업은 본인이 직접 하는 게 좋다. 어쨌든 그 스피치에 대한 결과에 책임을 지는 것은 자기 자신이니까.

그런데 스피치 원고를 직접 작성해보라고 하면 어렵게 생각하는 사람이 많다. 말은 해도 글은 못 쓰겠다고 한다. 강조하지만 스피치 원고를 문학 작품처럼 쓰라는 게 아니다. 말로 할 것을 글로 쓸 뿐이다. 원고 없이 말을 하면 실수할 수도 있기에 글로 다듬어놓는 것이다. 그러니까 말하듯이 쓰면 된다. 어렵게 생각하지 말고 그냥 쓰면 된다. 시간이 지나면 어차피 글이 되어 있다. 글 쓰는 재주가 없다고? 어떤 글이든 계속 다듬으면 완성도가 높아진다.

그래도 자신 없는 사람을 위해 스피치 원고 작성 요령을 단계별로 간단히 소개한다. 나의 오랜 경험에서 비롯된 노하우다.

1단계

대충 구상한다. 어떤 곳에서 어떤 사람들에게 스피치 하는지를 머릿속에 그려봐야 그에 맞는 연설문을 작성 할 수 있다. 그리고 어떤 말로 시작할지, 어떤 메시지를 담을지, 청중에게 말하고자 하는 핵심은 무엇인지, 그것 을 어떤 사례로 전달할지, 논리 전개는 어떻게 할지, 마 무리는 어떻게 할지 등 스피치의 대략적인 얼개를 종이 에 적어본다. 이것만 잘하면 절반 이상 끝난 것이다.

2단계

연설문의 얼개가 대충 짜이면 일단 글을 쓴다. 그러면 글이 나오게 되어 있다. 내 말을 믿고 일단 써라. 문장이 이어지거나 말거나 신경 쓰지 말고 말하듯이 생각나는 대로 써나가면 된다. 입속에서 굴려보면서 중단 없이 일 사천리로 작업해야 한다.

3단계

초고가 완성됐으면 인터넷을 뒤지거나 자신의 과거를

회상하여 경험담, 다른 사람의 사례, 통계, 어록 등을 찾아 적절한 곳에 삽입한다. 추상적 이론으로는 글을 쓰는 것이 어렵지만, 이야깃거리로는 글을 쓰는 것이 한결 쉽다.

4단계

스피치는 담백해야 한다. 기교를 부리거나 어려운 단어를 사용해 글을 쓸 필요는 없다. 스피치 원고는 말로 표현할 글이기에 짧아야 한다. 한 호흡에 읽을 수 있게 써라. 'Simple is best'임과 동시에 'Short is best'다. 문장이 길다 싶으면 둘 또는 세 개의 문장으로 나누는 게 좋다.

5단계

이제는 다듬는 단계다. 스피치 원고를 소리 내어 읽어 보라. 이 방법은 문장의 어색함과 오류를 잡아내는 데 상당한 효과가 있다. 스피치 상황을 상상하며 계속 다듬어라. 다듬을수록 좋은 글이 되게 마련이다. 같은 단어가 반복적으로 사용됐다면 정리하고, 군더더기를 지우고,

청중들이 헷갈릴 수 있는 단어는 좀 더 명확한 것으로 대체한다. 그리고 스피치 시간이 적절한지, 지나치게 짧거나 길지는 않은지 점검한다.

이 단계까지 마쳤다면 완성이다.

언제 어디서에도 통하는
스피치 구성법

어떤 스피치든 일반적인 구성(공식)은 'O·E·M·C'다. 스피치를 하거나 스피치 원고를 작성할 때 이 순서를 따르면 문안하게 마무리할 수 있다.

- **Opening** 말 그대로 스피치를 시작하라는 뜻이다. 무슨 말로 시작할 것인지는 모임이나 행사의 성격에 따라 달라진다. 인사말과 더불어 하고자 하는 말의 주제를 선언하는 것도 좋은 방법이다. 예를 들어 "방금 소개받은 ○○○입니다. 저는 ○○○○에 관해 간단히 말씀드리고자 합니다"와 같은 식이다.
- **Episode** 계속 강조하지만 스피치는 사건, 사연, 에피소드로 하는 것이다. 책에서 읽은 스토리를 소개해도 좋고, 다른 사람의 이야기를 들려주어도 좋다. 하지만 가장 좋은 것은 당신의 경험담이다.
- **Message** 스피치를 하는 이유는 무엇인가? 자신의 에피소드를 소개하기 위해서가 아니다. 그렇게 되면 잡담이다. 자신이 전달하고자 하는 핵심 메시지가 있어야 진정한 스피치다.
- **Closing** 스피치를 마무리하는 것이다. 끝이 좋아야 좋은 스피치가 된다. 클로징은 메시지를 다시 한 번 정리하면서 마무리하는 방법도 있고, 어떤 결의와 권고를 하는 방법도 있다.

제3부

거창하지 않아도
멋지게 말할 수 있다

수많은 책과 전문가들이 말을 잘하는 요령에 대해 다루고 있다. 그 요령들을 모두 모아보면 몇 가지나 될까? 사실은 몇 가지 되지 않는 요령을 중언부언 다루고 있을 뿐이다. 왜 그럴까? 요령이 어려워서가 아니다. 아무리 방법을 알려줘도 그것을 곧이곧대로 받아들이며 고치는 사람이 적기에 중언부언하는 게 아닐까? 아무쪼록 당신 나름의 요령을 만들어라. 그리고 실행하라. 그러면 당신도 멋지게 말할 수 있다.

떨리면 떨리는 대로

●

신문사에서 주관한 세미나에서 스피치 기법을 강의한 적이 있다. 그때 많은 질문을 받았다.

"강사님, 지금 여러 가지 스피치 요령을 말씀해주셨는데, 다른 건 둘째 치고 말을 하려고 하면 떨려서 멘붕이옵니다. 어떻게 하면 좋을까요?"

참 많이 듣는 질문이다. 다른 사람 앞에서 말할 기회가 많지 않은 사람이 스피치를 하기 전에 떨리는 건 당연하다. 그것 때문에 스피치를 망치는 경우가 많다. 떨면 머리 회전이 둔화되고, 청중이나 분위기가 눈에 잘 들어오지 않는다. 그럼 어떻게 해야 할까? 내 대답은 한결같다.

"모두 떱니다. 떨리는 게 정상이죠. 40년 동안 강의를 한 저도 늘 떨면서 마이크를 잡습니다."

내 대답에 뭔가 대단한 처방을 기대한 사람들은 실망한 듯한 표정을 짓는다. 소위 화술 전문가라는 사람들은 별별 처방을 다 내놓는다. '심리학의 구루' 윌리엄 제임스, 윈스터 처칠, 프랭클린 루즈벨트의 조언까지 등장한다. '단상공포'니 '직전공포'니 그럴듯한 심리학 이론도 등장한다. 그러나 그걸 여기서 모두 소개하면 잡설이다. 그깟 스피치 두려움을 해결하겠다고 그런 이론을 외우고 경험담을 기억할 필요는 없다. 몰라도 된다.

해법은 의외로 간단하다. 그냥 떨리는 대로 단상에 서라. '떨지 말아야지' 할수록 더 떨린다. 그게 '아이러니 효과(ironic effect)'다. 당신이 긴장하고 떠는 걸 청중에게 숨길 필요도 없다. 차라리 솔직하게 말하라.

"단상에 서니 엄청 떨리네요."

"떨려 죽겠습니다."

"휴~ 왜 이렇게 떨리죠?"

이때 중요한 것이 있다. 표정이다. 좌중을 천천히 휘둘러보면서 싱긋 웃으며 말해야 한다. 그러면 훨씬 부드럽게 넘어간다. 표정을 바꾸면 말투도 달라진다. 그리고 마음도 변한다. 이렇게 말투나 표정을 잘 활용하면 청중이 까르르 웃어줄지도 모른다. 솔직한 당신에게 호감을 가질지도 모른다.

그렇게 분위기가 바뀌면 스피치의 첫걸음은 제대로 뗀 거다. 스피치를 앞두고 불안, 초조, 두려움이 작동하지 않는 사람이 이상한 것이다. 그런 사람은 '철면피'이거나 '불감증환자', 혹은 될 대로 되라는 '막가파'다. 자, 어떤가? 이제 안심이 되는가?

"뭐야! 처방이라는 게 고작 이거야?"

스피치 공포에 대해 제대로 조언을 해줘도 만족하지 못하는 사람이 있다. 뭔가 더 화끈하고 확실한 방법이 없냐고? 없다!

대한민국 TV 방송 채널을 온통 '노래 부르기'로 만들어놓은 TV조선의 〈미스·미스터 트롯〉을 한 번쯤 본 적이 있을 것이다. 대부분의 출연자는 기성가수다. 10년 이상 무명가수 생활을 한 사람도 적지 않다. 이름이 알려지지 않아서 그렇지 프로들이다. 그런 프로들도 무대에 올라 마이크를 잡고 이렇게 말한다.

"휴~ 정말 떨리네요."

"이렇게 떨린 적이 없어요."

그들이 무대에 오르기 전에 떨림을 어떻게 대처하는지 보았는가? 내가 촉각을 곤두세우고 유심히 봤는데, 두 가지로 나뉘었다.

첫째는 마인드 컨트롤. 긍정적 자기대화(self-talk)라고도 한다. 곧 무대에 올라 심사를 받아야 할 가수들은 "괜찮아.", "할 수 있어"라고 중얼거렸다. 이건 이미 2016년 브라질 리우올림픽 펜싱 결승전 때 온 국민이 배운 바 있다. 박상영 선수가 2라운드까지 13대 9로 지고 있는 상황에서 그렇게 중얼거리는 걸 봤으니까. 결국 금메달을 목에 거는 걸 봤으니까.

둘째는 심호흡. 가수들은 무대 뒤에서, 그리고 무대에 올라서 크게 심호흡을 하곤 했다. 나는 특히 이 두 번째 방법을 권한다. 이건 확실히 효과가 있다. 하버드대학 심리학자 조앤 보리센코는 이렇게 말했다.

"심호흡이야말로 불안에서 벗어나는 가장 효과적인 방법이다."

이때의 호흡법은 가슴으로 숨 쉬는 흉식호흡이 아니라 배로 숨 쉬는 복식호흡이 좋다. 배 깊숙이 숨을 들이마시고 한숨을 쉬듯 내뱉는다. 몇 번 그렇게 하면서 첫 번째 방법인 긍정적 자기대화를 하면 당연히 효과가 클 것이다. 강의 공포, 연단에 설 때의 두려움에 대처하는 것은 이게 전부다.

품격을 좌우하는
언어자본

•

　　독일의 유명한 컨설턴트 도리스 메르틴은 자신의 저서 《아비투스(Habitus)》를 통해 인간의 품격을 결정짓는 일곱 가지 자본을 다루었다. 그중 하나가 언어자본으로, 어떻게 말하는가에 따라 그 사람의 품격이 좌우되며 그것은 그 사람이 갖는 하나의 자본이라는 것이다.

　　내가 하는 말에 따라 나의 품격이 좌우된다고? 그럼 어떻게 말하는 게 품격 있게 말하는 것일까? 품격 있게 말하는 법을 다루기 위해 거꾸로 품격 없게 말하는 것이 무엇인지를 따져보면 해답이 선명해진다.

대표적인 인물로 미국의 전 대통령 도널드 트럼프를 꼽을 수 있다. 미국 역사상 이런 사람을 다시 보기는 힘들 것이다.(다음 선거에 다시 대통령이 된다면 몰라도.) '막말의 달인'답게 하고 싶은 말 다하면서 대통령 임기를 끝냈다. 그가 쓴 책《불구가 된 미국: 어떻게 미국을 다시 위대하게 만들 것인가(Crippled America: How to Make America Great Again)》는 유머 서적 코너에 배치될 정도로 사람들을 웃겼다. 대통령이 웃겼다는 건 품격과 거리가 멀다는 이야기다. 유머를 했다는 이야기가 아니다. 트럼프는 미국 국민들로부터 전쟁 영웅 대접을 받는 존 매케인 상원의원에게까지 독설을 퍼부었다. "월남전 포로로 잡혔다고 해서 전쟁 영웅이라고? 난 포로로 잡히지 않은 사람을 좋아해"라며 비꼬았고, 심지어 고문 후유증으로 장애를 입은 매케인의 부자연스러운 몸짓을 흉내 내며 조롱하기도 했다. 교황과도 맞짱을 뜬 그인데, 이 정도는 아무것도 아닐지 모른다.

이렇듯 트럼프를 떠올리면서 품격 있게 말하는 법을 생각하면 답이 나온다.

첫째, 목소리와 말하는 태도를 신경 써야 한다. 큰소리로 떠벌리거나 속사포로 쏴대거나 껄렁껄렁 불안정한 자세라면 당연히 품격 상실이다.

둘째, 막말과 독설을 해서는 안 된다. 아름다운 표현을 강요하지는 않지만 적어도 속된 말, 욕설, 막말, 독설을 입에 담아서는 안 된다. 상황에 따라 한두 마디 그런 표현을 할 수는 있다. 그러나 스피치가 전반적으로 그런 식의 저질스러움으로 가득하다면 그건 하수다.

셋째, 유머러스하되 웃기려고 해서는 안 된다. 스피치를 하는 사람들이 항상 스트레스 받는 것이 '어떻게 하면 재미있게 말할 것인가'다. 그리고 재미있게 말하기 위해 흥미로운 사례를 구하고, 특히 유머를 구사하려 애쓴다. 여기서 조심해야 한다. 유머 구사에 신경 쓰다 보면 자칫 저질 우스갯소리에 빠질 수 있다.

말로 인해 구설에 오르는 경우의 상당수가 바로 유머 때문이다. 성희롱에 휘말려 자리에서 물어난 사람까지 있을 정도다. 품위도 잃고 자리까지 잃었다. 그리고 막말이든 독설이든 유머든 남을 가슴 아프게 해서는 안 된다는 점을 기억해야 한다.

트럼프가 그토록 조롱했던 매케인은 지도자의 품격을 상징하는 인물이다. 2008년 말 대통령 선거를 앞두고 당시 상원의원이었던 오바마와 경쟁하던 매케인은 한 연설집회에서 자신의 지지자가 오바마를 '아랍인'이라 칭하며 그를 신뢰할 수 없다고 공격하자 즉석에서 그 말을 멈추게 하고 이렇게 연설했다.

"아니요, 그렇지 않습니다. 그는 품위 있고 가정적인 사람이자, (미국) 시민입니다. 어쩌다 보니 저와 그는 근본적 이슈들에 있어 의견이 다를 뿐입니다. 그게 바로 이번 선거운동의 핵심입니다."

대선에서 오바마에게 패했을 때도 "오늘 밤 미국인들은 지구 위의 가장 위대한 국민이 됐다"라며 승복 연설을 했다. 그가 패배의 아픔을 모르는 무신경한 사람이라 그런 건 당연히 아니다.

도리스 메르틴의 말이 아니더라도 '어떻게 말하는가'

는 인간의 품격을 좌우하는 하나의 자본이다. 그러기에 스피치를 구상하고 실행할 때는 마음속에 항상 '품격'이라는 두 글자를 새겨야 한다. 아니면 트럼프와 매케인을 떠올려보는 것도 괜찮을 것 같다.

거창하게
말하지 않아도 괜찮다

•

        대화든 스피치든 사람들이 말하는 모습을 관찰해보자. 말하는 스타일이 생김새만큼이나 제각각이라는 데 동의할 것이다. 달변인 사람도 있고, 바둑돌을 놓듯 천천히 말하는 사람도 있다. 별것 아닌 것도 개그맨처럼 연기하며 잘 웃기는 사람이 있는가 하면, 웃기는 내용을 썰렁하게 말하는 사람이 있다.

    입담이 별로 없는 사람은 윤여정 씨의 재치와 순발력을 쉽게 따라 할 수 없다. 그 목소리를 흉내 내기는 더 힘들다. 결국 말에는 각자 자신의 스타일이 있고, 그것을 고치기는 매우 힘들다.

예컨대 목소리를 보자. 스피치에 있어 목소리의 중요성을 강조하는 전문가도 있다. 심지어 스피치를 잘하려면 "목소리부터 다듬어라"라고 충고하는 사람도 있다. 그런데 타고난 목소리를 바꿀 수 있을까? 물론 죽어라 훈련하거나 의학적 조치로 바꿀 수는 있다. 하지만 전문 연설가가 되려는 것도 아닌데, 말도 안 되는 소리다.

연설법의 대가 데일 카네기의 조언을 따르는 것이 좋겠다. 그는 이렇게 말했다.

"전문적으로 음성 기술을 연마하려는 사람이 아니라면 목소리 훈련에 많은 시간을 할애하는 것은 무의미하다."

그러면서 자신의 타고난 음성으로 만족할 수밖에 없으며, 그것에 소비하는 시간과 정력을 다른 것(자신감 고취, 스피치 내용 등)에 투입하는 게 더 낫다고 했다. 스피치는 말하는 스타일보다 콘텐츠가 핵심이라는 의미다.

기회가 된다면 '조관일 TV'를 보기 바란다. 지금까지 400편이 넘는 동영상을 올렸다. 자신의 모습을 동영상으로 보는 건 참 쑥스럽다. '내가 저런 식으로 말하는가?' 싶을 만큼 허점투성이다. 무엇보다도 말하는 스타일이 싫었다. 어설픈 아나운서나 강사처럼 말하지 않고 옆에 있는 사람과 대화하듯 자연스럽게 말하는 것이 좋을 것 같아 끊임없이 고치려 노력했지만 결국 실패하고 말았다. 말하는 스타일을 바꾼다는 게 그렇게 힘들 줄 몰랐다. 누구나 자기 나름의 스타일이 있음을 다시 한 번 확인했다.

따라서 당신도 당신 특유의 스타일로 스피치하는 수밖에 없다. 말 잘하는 사람들의 방식을 배우며 고칠 수 있는 부분은 고치되, 남과 똑같이 하려는 것은 괜한 헛수고다. 오히려 자신의 방식을 다듬어 그것에 승부를 걸어야 한다. 당신은 당신 방식대로, 나는 내 방식대로 말하는 게 맞다. 나는 나다.

말을 더듬거린다면 그것을 고치려 애쓰기보다 차라리 더듬 화법(?)을 그대로 노출해 당신 특유의 스피치 화법을 개발하는 게 낫다. 예컨대, 말을 천천히 하는 사람이라면 말을 빨리 하는 방법을 배울 것이 아니라(그것 자체가 불가능하다) 차라리 "저는 원래 말이 느립니다"라고 셀프 디스를 하는 것이 청중의 기대치를 낮추고 호감을 살 수 있는 당신만의 방식이 될 수 있다. 말을 느리게 하면서 청중의 마음을 사로잡는 방법을 찾아야 한다. 약점을 강점화하는 전략을 펴야 한다.

말재주가 없는데 수천 명의 청중을 사로잡는 스피치를 하고 싶다고? 미안하지만 꿈 깨라. 불가능하지는 않지만 책 한 권 읽는다고 단기간에 해결될 일이 아니다. '남들로부터 말 못한다는 소리만 듣지 않으면 된다'는 마음으로 소박한 목표를 설정하라. 말재간 없는 사람이 포복절도할 유머를 목표로 삼으면 오히려 분위기가 썰렁해진다. 청중으로부터 "재미있군" 정도의 반응을 이끌어내는 것을 목표로 삼아라.

자신의 한계를 생각하고 인정할 것은 인정해야 한다. 일단 작은 목표부터 달성하고 나면 자신감이 생기고 조금씩 진보하게 된다. 그러다 보면 자신도 모르는 사이에 수많은 청중의 마음을 사로잡고 고수의 경지에 도달할 수 있게 된다.

내 멋대로 하라는 말이 아니다. 엉뚱한 방식을 고집하라는 것이 아니다. 자신의 스타일 중에서 교정 가능한 부분은 교정하되, 자기 스타일을 살리며 잘 말하는 방법을 강구하라는 뜻이다.

　말재주가 너무 없다면 탁월한 논리와 내용으로 승부하면 된다. 괜히 언변이 뛰어난 사람들의 방식을 그대로 흉내 내려다 '나는 안 돼'라며 실망하지 말고, 자신의 방식을 재창조하기 바란다.

첫말에서
분위기가 좌우된다

•

스피치를 할 때 시작과 마무리는 매우
중요하다. 먼저 스피치 시작에 대해 알아보자. 스피치를
잘하는 사람은 처음 입을 떼면서부터 분위기를 사로잡
아버린다. 청중들의 주의를 집중시키는 데 탁월하다. 그
렇기 때문에 스피치를 구상할 때는 어떻게 시작할 것인
지 치밀하게 계산해야 한다. 노스웨스턴대학 총장을 역
임한 명연설가 헤럴드 후크 박사는 "첫 한마디로 청중의
흥미를 끌고 청중의 호의적인 관심을 즉시 획득할 수 있

도록 아이디어를 짜야 한다"라고 말했다. 그래 맞다. 스피치도 아이디어.

또 한 가지 유념할 것이 있다. 짧은 스피치는 괜찮지만 10분이 넘는 비교적 긴 스피치를 할 때는 말의 내용 이상으로 말하는 형식도 중요하다. 처음 시작하는 말의 속도, 음성의 높이, 유머 분위기 등이 초기에 결정된다는 말이다.

오랜 경험으로 볼 때 스피치를 어떻게 시작하느냐에 따라 스피치 전체 분위기가 좌우된다. 이는 틀림없는 사실이다. 시작이 이야기 식으로 되면 그 이후의 모든 것이 그렇게 된다. 시작을 심각한 웅변조로 하면 그 이후에도 계속 심각하게 되어 유머 구사가 거의 불가능해진다. 처음에 말을 빠르게 시작하면 스피치 내내 말이 빨라진다. 아니 점점 더 가속도가 붙어 스피치를 망치기 쉽다.

도중에 말의 분위기를 바꾸는 것은 쉽지 않다. 그만큼 시작이 매우 중요하다. 그러니 목소리 크기, 빠르기, 말하는 스타일(예를 들면 대화 스타일, 낭독 스타일, 선언 스타일, 능청스러운 유머 스타일 등)을 잘 선택해 시작해야 한다.

또한 현장 분위기를 사로잡기 위해 어떻게 시작할 것인지도 계획을 세워야 한다. 많은 이론가가 도입 부분에서 유머러스한 농담을 던지라고 말한다. 이를 '아이스 브레이크(ice break)'라 한다. 연사와 청중 사이의 냉랭함을 깨부수지 않고는 멋진 스피치를 하기 어렵다.

반면 데일 카네기 같은 사람은 유머의 중요성을 인정하면서도 익살스런 이야기로 시작하지 말라고 충고한다. 그건 초보자들이 하는 짓이란다. 그는 억지로 익살스런 이야기로 시작하면 연사가 초라하고 가엾게 느껴진다고 했다.

어느 쪽이 옳다고 할 수는 없다. 아니, 모두 옳다. 상황에 따라 다르니까. 결국은 행사의 수준, 청중의 수준, 그리고 분위기에 따라 유연하게 대처하면 된다.

격식을 별로 따지지 않는 장소에서의 스피치. 자연스럽게 말하는 스피치에서는 농담 한마디 던진 후에 시작하는 것이 좋다. 또는 현장을 활용한 유머를 구사하는 것이 아이스 브레이크로 좋다.

그러나 격식을 갖춰야 하는 장소에서 그렇게 하면 실

없는 사람이 될 수도 있고, 품격이 무너질 수도 있다. 그럴 때는 데일 카네기의 생각이 맞다. 도입 부분을 아예 생략하고 곧바로 본론으로 들어가는 방법도 괜찮다. 그렇게 하는 편이 긴장감을 주고 청중의 주의를 집중시킬 수 있기 때문이다.

예를 들어, 인사성 발언을 단호히 생략한 채 "오늘 이 자리에서 두 가지를 생각했습니다. 첫째는…"과 같이 이야기를 전개하거나 2005년 6월 12일 스티브 잡스가 스탠포드 대학 졸업식에서 했던 명연설처럼 한다. 잡스는 이렇게 스피치를 시작했다.

"세계 최고의 명문으로 꼽히는 이곳에서 여러분들의 졸업식에 참석하게 된 것을 영광으로 생각합니다."

그리고 "사실 저는 대학을 졸업하지 못했습니다. 태어나서 대학 졸업식을 이렇게 가까이서 보는 것은 처음이네요. 오늘 저는 제 인생의 세 가지 이야기를 해드리려고 합니다. 그게 전부입니다"라며 곧바로 본론으로 들어갔다. 이쯤 되면 무슨 말을 하려는 건지 궁금해서 자연스럽게 분위기가 집중된다.

이는 스피치 경험이 많은 프로들이 자주 사용하는 방법이다. 그러나 이 방법은 상황에 따라 자칫 오만하거나 예의에서 벗어난다는 비판에 직면할 가능성도 있다. 우리나라의 스피치 문화는 도입 부분에서 의례적으로 다뤄야 할 것이 많기 때문이다. 그 자리에 참석한 내빈에 대한 감사 표시, 행사 전체에 대한 칭찬과 격려 등이 바로 그것이다. 다음의 '스피치를 시작하는 요령'을 참고하기 바란다.

스피치를 시작하는 요령

- 청중의 호의적 관심을 어떻게 이끌어낼 것인지 궁리해야 한다. 이 부분에 자신만의 노하우, 아이디어가 있어야 한다.

- 공식적인 자리에서 스피치 첫머리에 참석자를 소개할 경우, 주요 인사가 빠지지 않도록 유의해야 한다. 당신이 일부러 뺀 것은 아니더라도 소개되지 않은 당사자는 상상 이상으로 불쾌하게 생각한다. 우리 문화가 그렇다.

- 대화를 하는 것처럼, 이야기를 하는 것처럼 시작하라. 결코 웅변조로 시작해서는 안 된다. 때로는 청중에게 정말로 대화를 시도할 수도 있다. 예를 들어 "오늘 저를 처음 보신 분들은 손을 들어보세요"라고 말함으로써 분위기를 자연스럽게 대화식으로 몰고 갈 수 있다.

- 가능하면 빨리 본론으로 들어가라. 그러기 위해 스피치 첫머리를 어떻게 해야 하는지 머리를 써야 한다. 빨리 본론으로 들어가야 청중의 호기심을 자극할 수 있다.

- 첫머리에 당신이 그날의 스피치에서 하고자 하는 말의 주제를 선언하는 것도 좋은 방법이다. 예를 들어 "오늘 제가 말씀드리고자 하는 것은 우리 지역의 현안에 관한 것입니다"와 같이 말하는 것이다.

- 변명으로 시작하지 말라. "시간이 없어서 준비를 제대로 하지 못했습니다", "사실 제가 사양했는데 주최 측에서 계속 부탁을 해서 어쩔 수 없이 스피치를 하게 되었습니다"와 같은 변명은 금물이다.

분위기부터 잡아라

•

스피치의 성패는 분위기에 좌우된다. 분위기에 따라 스피치가 잘되기도 하고 엉망이 되기도 한다. 간단한 즉석 스피치는 그렇다 치고, 강연처럼 시간이 소요되는 스피치는 분위기 장악이 절대적이라 할 만하다.

잘 알려진 호텔에서 300여 명의 기업체 CEO를 대상으로 강의를 한 적이 있다. 대충 어떤 분위기의 행사인지 짐작이 갈 것이다. 호텔에 일찍 도착한 나는 분위기를 파악하기 위해 강의장으로 발걸음을 옮겼다. 강의장은 호텔의 '그랜드볼룸(grand ballroom)'이었다. 'grand'라는 단어에서 느낄 수 있듯 그 호텔에서 가장 호화스럽게 꾸며진 핵심 공간이었다.

다른 강사가 아직 강의를 하고 있었다. 어떤 강의인지 궁금해서 잠시 지켜보았는데, '이거 큰일 났다!' 싶었다. 도무지 강의를 할 환경이 아니었다. 원래 그런 장소에서는 주의집중이 어렵다. 공간이 워낙 넓어 연단과 청중 사이 거리가 멀었고, 테이블이 원탁으로 되어 있어 연사에게 등을 돌리고 있는 사람도 있었다.

분위기가 엉망이었다. 강사는 혼자 말하고 있었고, 청중은 원탁에서 서로 수군대며 따로 놀았다. 강사 따로, 청중 따로. 거기에다 음향 시설도 좋지 않았다. 음질이 둔탁했고 스피커가 '붕~ 붕~' 울렸으니까.

청중은 많고, 장소는 넓고, 마이크 소리는 잘 안 들리고, 집중이 안 되니 청중은 잡담을 나누고… 이거야말로 악순환이었다. 아마도 그 강사는 진땀을 뺐을 것이다.

'이 난국을 어떻게 극복하지?'

준비한 원고로 강의를 하기에는 현장 상황이 정말 최악이었다. 긴급 조치가 필요한 상황! 이럴 때 아마추어와 프로가 구분된다. 어떻게 해서든지 초반에 청중의 관심을 확 끌어당겨야 한다. 상황을 완전히 장악하지 못하면 끝장이다. 나는 머리를 굴려 나름의 계획을 세웠다.

드디어 내 순서가 되었다. 사회자의 소개를 받고 연단에 올라간 나는 마이크를 뽑아들고 연설대를 벗어나 청중에게 바짝 다가갔다. 소란스럽던 청중이 '이 사람, 뭐야?'라는 눈빛으로 내게 집중했다.

나는 그 순간을 놓치지 않고 큰 목소리로 인사했다. 그리고 원탁에서 등을 돌리고 있는 사람들이 나를 향해 앉도록 자리를 정돈시켰다. 지난 시간의 어수선했던 '관성'을 허물어버린 것이다. 분위기가 달라졌다. 상황이 정리되자 나는 능청스런 어조로 입을 열었다.

"마이크 성능이 왜 이 모양입니까?"

청중이 고개를 끄덕였다. 나는 한마디 더 했다.

"여기가 이 호텔의 그랜드볼룸이라는데, 마이크볼륨은 왜 이 모양입니까?"

폭소가 쏟아졌다. 물론 ballroom과 volume은 다르다. 하지만 그건 중요하지 않았다. 나는 청중들의 눈빛이 살아나는 것을 느꼈다. 점잖은 것 같은 강사가 "왜 이 모양입니까?"라는 일상어로 유머러스하게 말했으니까. 나는 계속 말을 이어갔다.

"이 호텔은 이 마이크 때문에 이미지 다 버렸습니다. 여기 모인 300여 분의 귀중한 고객이 이 호텔을 어떻게 평가하겠습니까? 여러분 회사에서 큰 행사를 치르려 할 때 이곳을 사용하겠습니까? 그랜드볼룸의 마이크볼륨이 이런데요. (청중들 웃음) 웃지 마세요. (그러자 더 웃는다.) 웃지 마시고 사장님들이 이끌고 있는 회사에는 과연 이런 요소가 없는지 돌아보는 계기로 삼아야 합니다.(박수가 터졌다.) 좀 전에 강사님이 강의하시는데 제가 뒤에서 보니 마이크 소리가 잘 안 들린다고 잡담을 나누시더군요. 소리가 안 들리면 그만큼 더 집중해서 경청해야 하는 것 아닙니까? 발상을 바꾸세요. 여러분은 이렇게 하면서 여러분 회사 사원들에게 발상을 바꾸라고 하면 됩니까?"

청중이 웃어줬다. 박수를 친 사람도 있었다. 이것으로

상황은 완전히 정리되었다. 나는 그랜드볼룸, 마이크볼룸, 그리고 그것으로부터 경영을 어떻게 해야 하는지, 발상의 전환이 무엇인지, 경영자의 자세가 어때야 하는지 등을 준비해간 원고와 연결해 설명해나갔다. 강의는 대성공이었다. 강의가 끝나자 청중이 "앵콜! 앵콜!" 하고 외쳤다. 강의 후에 기립박수는 받아봤어도 '앵콜'이 나온 건 처음이었다. 그만큼 감탄했다는 증거가 아닐까?(그 후 그곳에 참석했던 각 회사에서 강의 요청이 쇄도했다. 정말 '앵콜'이었다.)

이는 강의 사례이지만 스피치에도 그대로 적용된다. 준비해간 원고에 전혀 없던 내용으로 분위기를 잡았으니 즉석 스피치인 셈이다. 이 사례를 통해 현장 상황을 이용한 스피치 센스, 유머 구사, 시작을 본론과 어떻게 연결해야 하는지 등을 배울 수 있다.

때로는 내용보다
스피치 센스

•

　　　　　　화술을 강의할 때 가장 강조하는 것이
센스다. 특히 즉석 스피치는 센스의 결정체라 해도 과언
이 아니다. 즉석 스피치는 어차피 엄청난 내용을 선언하
는 것도 아니다. 청중도 많은 것을 기대하지 않는다. 시
간도 상대적으로 짧을 수밖에 없다. 직장에서, 모임에서
회식 자리에서 수시로 일어나는 것이 즉석 스피치다. 그
런 상황에서의 스피치는 무엇보다 센스에 좌우된다. 상
황에 적절히 대처하는 순발력, 재치, 요령이 있어야 한다

는 말이다.

10월 하순의 어느 날, 인삼을 홍보하는 축제에 참석하게 되었다. '한 말씀' 하기 위해서였다. 그날은 10월 날씨답지 않게 무척 추웠다. 갑작스레 추위가 몰아닥친 것이다. 쌀쌀할 거라는 일기예보가 있었지만 '그래도 10월인데…' 하고 무심했던 사람들의 허를 찔렀다.

하필이면 행사장이 야외였다. 바람까지 불어 체감온도는 더욱더 낮았다. 모두들 추위에 떨어야 했다. 한겨울이었다면 내복을 입거나 외투라도 걸쳤을 텐데 어정쩡한 계절이라 무방비 상태로 고스란히 당할 수밖에 없었다.

사람들의 시선을 의식하며 내빈석에 폼 잡고 앉아 있었지만 나 역시 덜덜 떨려 죽을 지경이었다. 설상가상으로 기념사, 축사, 격려사 등 '한 말씀' 해야 할 사람이 열 명이 넘었다. 참으로 난감했다.

내빈들의 스피치가 길게 이어졌다. 날씨가 추워 모두 떨고 있는 상황이면 말을 짧게 해야 한다. 그것이 스피치 센스요, 요령이다. 하지만 그들은 비서들이 챙겨준 원고를 착실하게 그대로 읽었다. 정말 무감각했다. 시간이 흐

르자 여기저기에서 웅성거리기 시작했다. 추위를 이기려
는 청중들의 신음소리가 불평처럼 들려왔다. 몸을 한껏
웅크린 사람, 발을 동동 구르는 사람이 늘어날수록 행사
장 분위기는 망가지고 있었다.

내 순서는 거의 끝 무렵이었다. 나는 차례를 기다리며
대책을 강구했다. 예정된 행사였기에 원고를 준비했지
만, 그것을 그대로 읽는 것은 바보 같은 짓이었다. 나는
준비 스피치에서 즉석 스피치로 전환하기로 마음먹었다.
그 장소, 그 상황을 잽싸게 스크린했다. 다른 사람의 스
피치가 이어지는 동안 빠르게 머리를 회전시켰다. 궁하
면 통하게 되어 있다. 하려고 마음먹으면 아이디어가 나
오게 마련이다. 현장 상황에서 얻은 정보는 '인삼', '추
위', '추위에 떠는 청중', '짧게'였다. 이를 기준으로 말할
내용을 재빨리 구성했다. 드디어 머릿속이 정리됐다.

내 순서가 되었다. 나는 마이크를 잡고 이렇게 말했다.
분위기를 상상해보기 바란다.

"여러분, 오늘 날씨가 무척 춥죠?"

청중을 향해 큰 목소리로 외치자 그들은 "네!" 하고 악

을 썼다. 추워 죽을 지경이니 빨리 끝내라는 항변이었다. 나는 기다렸다는 듯 능청스런 어투로 너스레를 떨었다.

"그건 평소에 인삼을 안 드셔서 그런 겁니다."

의외의 해석에 청중이 일제히 "와!" 하고 감탄하며 함성을 질렀다. 이런 스피치를 듣고 감탄하지 않을 사람이 어디 있겠는가? 단 한마디로 분위기가 달라졌다. 나는 틈을 주지 않고 본론으로 들어갔다.

"앞으로 인삼을 많이많이 드시라고 오늘 갑자기 날씨가 추워졌습니다. 건강에 인삼만큼 좋은 게 없습니다. 아무쪼록 세상 사람 모두가 인삼을 많이 드시고 건강하길 바라며 축사를 갈음합니다."

이게 전부였다. '3분 스피치'는 고사하고 '30초 스피치'밖에 안 되지만 인삼 축제 스피치로 최고 아닌가? 그 자리에 참석한 수많은 인삼 재배 농가 입장에서는 "존경하는 인삼 재배 농업인 여러분!" 이따위 소리는 헛소리다. 인삼이 제발 많이 팔리기를 기원해주는 연사가 최고다. 내 스피치로 인해 인삼 재배 농업인들 앞에서 인삼의 성분, 효능 등을 들먹인 내빈들의 '유식한' 연설이 머쓱

하게 됐다.(본의 아니게 미안하게 됐다. 늦었지만 사과한다.)

청중은 내 스피치에 우레와 같은 박수로 화답했다. 분명 잠시나마 추위를 잊게 한 가장 화끈한 축사였을 것이다. 듣보잡(듣도 보도 못한 잡담), 아니 듣보스(듣도 보도 못한 스피치)였을 것이다. 나는 행사가 끝난 뒤 많은 사람으로부터 인사를 받았고, 한동안 사람들 입에 오르내리는 즐거움을 누렸다.

청중을 꿰뚫어야
'감탄'이 나온다

•

앞서 언급한 '인삼 축제' 스피치를 분석해보자. 어떻게 즉석 스피치를 해야 하는지를 이해하는 데 도움이 될 것이다. 우선, 행사장에 참석하기 위해 미리 작성했던 스피치 원고는 완전히 무용지물이 됐다. 원래는 준비 스피치였지만 즉석 스피치로 전환했다. 그러고는 현장 상황을 살핀 뒤 빠르게 해답을 찾았다.

현장 상황은 단순했다. '인삼 축제다(행사 주제)', '갑자기 추워졌다(날씨)', '사람들이 무척 추워한다(청중)', '내가 스피치할 순서가 끝 무렵이어서 불만이 최고조에 달했다', '긴 스피치는 절대 귀에 들어오지 않을 것이다(분위기)…. 이런 현장 상황이 스피치의 열쇠다. 나는 그 열쇠를 작동시켰을 뿐이다.

짧은 스피치이지만 스피치의 기본과 원칙이 잘 녹아 있다.

첫째, 연설이 짧다. 다섯 문장에 불과하다. '한 말씀'이 꼭 짧아야 좋은 것은 아니지만 추운 날씨와 웅성거리는 청중, 여러 명의 연사를 고려하면 짧은 연설이 당연하다. 이런 상황에서 준비된 원고를 읽는 것이야말로 난센스다. 바보 같은 짓이다. 청중을 감동시키고 아니고의 문제가 아니다. 스피치의 원칙 자체를 무시하는 일이다.

둘째, 상황과 행사의 주제를 잘 연결했다. 이게 바로 센스다. '추위'와 '인삼', 그리고 인삼이라면 가장 먼저 떠오르는 '건강'을 연결했다. 그게 전부다. 그럼에도 할 말은 다한 셈이다. 쓸데없는 학술적 용어를 동원할 필요도 없고, 인삼의 원산지를 들먹일 이유도 없다.

셋째, 청중의 심리를 간파하고 그에 부응했다. 추위에

떠는 청중 입장에서 바라는 것은 딱 두 가지다. 행사가 빨리 끝나 추위로부터 벗어나는 것! 그리고 인삼이 많이 팔리는 것! 나는 이 두 가지 바람을 스피치에 담았다. 그래서 짧게 말하면서도 인삼의 효능과 판매를 함축적으로 대변해주었다. 환호할 수밖에.

넷째, 유머를 구사했다. 청중의 예상을 깨는 논리를("그건 평소에 인삼을 안 드셔서 그런 겁니다.") 폄으로써 청중의 웃음과 폭발적인 반응을 이끌어냈다. 웃음을 이끌어내기 위해 대화식 연설을 했다는 사실도 주목해야 한다. 그것도 그냥 대화식이 아니다. 능청스러운 어조로 말했다. 유머는 표현 방식이 매우 중요하다. 대화식이 아닌 보통의 연설식 스피치로 청중의 웃음을 이끌어내기는 쉽지 않다.

다섯째, 마지막으로 "건강하길 바랍니다"라는 덕담을 했다. 마무리까지 산뜻하게 잘했다.

여기까지다. 이런 센스 있는 스피치가 되려면 청중의 마음을 꿰뚫고 그들이 생각하는 것을 대신 표현해주어야 한다. 그게 요령이다. 나는 그것을 정확히 짚어주었고, 그럼으로써 청중의 감탄을 얻어냈다. 이것이 바로 즉석 스피치의 포인트다.

한 가지 중요한 게 있다. 우리가 스피치를 하는 목적은 아닐지라도 늘 바라는 것이 있다. 그 스피치를 통해 사람들로부터 좋은 이미지, 좋은 인상을 얻는 것! 어쩌면 연사 입장에서는 이것이 가장 큰 목표일 수도 있다. 그런데 인삼 축제에서의 스피치는 예상치 못한 큰 호응을 얻었다. 한동안 내 이야기가 사람들 입에 오르내렸으니까.

이제 즉석 스피치의 원리를 깨달았을 것이다. 당신도 할 수 있다. 전혀 어렵지 않다. 아주 쉽다. 남은 것은 당신의 실천이다. 당신도 그렇게 하면 된다.

스피치보다
더 인상적인 스피치

•

스피치와 센스, 재치! 이건 아무리 강조해도 지나치지 않다. 더구나 보통 사람들이 이런저런 모임에서 하게 되는 스피치는 거창한 것도, 기록에 남을 것도 아니기에 어찌 보면 센스의 산물, 재치의 표현이라 해도 과언이 아니다. 그런 면에서 스피치를 '다른 언어'로 행할 수도 있다. 다른 언어? 쉽게 말해, 노래나 시로 해도 된다. 꼭 연설조여야 할 필요는 없다

강원도 고성에 있는 깊은 산속에서 연어 방류 행사를

한 적이 있다. 그곳은 휴전선 부근, 남방한계선을 넘어선 산속의 계곡으로 동해바다로 흘러가는 작은 개천이었다. 그곳에 연어 새끼를 방류하면 동해를 거쳐 알래스카 근처까지 먼 거리를 갔다가 돌아온다고 한다.

연어 방류가 끝난 뒤 그것을 기념하는 뒤풀이 행사가 열렸다. 멀리서 방문한 사람들에게는 의미 있는 자리였다. 대부분의 행사가 그렇듯 인사, 축사, 기념사, 격려사 등이 길게 이어졌다.

연단도, 음향 시설도 없었다. 격식을 차리지 않고 자연스러운 분위기에서 여러 사람이 즉석 스피치를 했다. 나는 그들의 스피치에 귀를 기울였다. 그야말로 갑자기 지명을 받고 말하는 것이 꽤 흥미로웠기 때문이다.

예상한 대로 비슷한 내용, 특별할 것 없는 인사말이 반복되었다. 스피치를 듣는 것보다는 어떤 사람이 행사에 참석했는지 '관상'을 보는 것이 더 흥미 있을 정도였다. 그런데 거의 끝 무렵에 등장한 사람이 대박을 터트렸다. 그는 그 지역에 있는 사찰의 스님이라고 했다. 실례된 표현이지만 생김새도 조금은 코믹했다. 점잖아 보이는 고

승의 분위기는 아니었다. 스님의 스피치는 어떨까? 사람들의 시선이 집중됐다. 그가 입을 열어 걸쭉한 목소리로 말했다.

"깊은 산속까지 오시느라 수고 많았습니다. 좋은 말씀은 앞에서 다 하셨으니 저는 이곳까지 오신 것에 대한 감사의 표시로 노래 한 곡 하겠습니다."

정말 의외이지 않은가? 스님다운 말씀, 불경의 자비나 환생 같은 이야기가 나올 줄 알았던 참석자들은 폭소를 터트렸다. 허를 찔렀으니까. 스님은 거리낌 없이 흘러간 옛 노래 '굳세어라 금순아'를 목청껏 불렀다.

"눈보라가 휘날리는 바람찬 흥남부두에 목을 놓아 불러봤다. 찾아를 봤다."

연어 방류는 물론이고, 계절과도 어울리지 않는 '황당한' 노래였다. 더 웃긴 것은 스님의 노래 솜씨는 거의 음치 수준이었다. 그럼에도 그 자리에 있던 모든 사람이 박수로 박자를 맞춰주었고, 스님은 노래를 끝까지 마쳤다.

스님과 축가, 흘러간 옛 노래… 어느 것 하나 조화를 이루지 못했다. 그런데 그 부조화가 오히려 청중의 웃음

보를 터트렸다. 그날 최고의 스타는 스님이었고, 최고의 축사는 바로 '음치 축가'였다. 세월이 흘렀지만 그때의 기억은 지금도 생생하다. 그 행사에 참석했던 많은 사람이 그 장면을 기억하고 있을 것이라 생각한다.

그렇다. 노래로도 얼마든지 훌륭한 즉석 스피치를 할 수 있다. 선곡만 잘하면 상황에 따라 매우 인상적이고 오래 기억될 스피치가 될 수 있다. 그날 여러 사람이 스피치를 했지만 누가 어떤 말을 했는지 전혀 기억나지 않는다. 그런데 스님의 음치 축가는 세세히 기억하고 있지 않은가.

이렇듯 때로는 노래로도, 좋은 시로도 스피치를 할 수 있다. 그 어떤 말보다 더 깊은 인상을 주는 스피치가 될 수 있다. 물론 스님처럼 엉뚱한 노래가 아니라 그 분위기와 상황에 맞는 노래를 불러야 하지만. 아니, 전혀 생뚱맞은 노래로 사람들을 한바탕 즐겁게 해줄 수도 있다.

문제는 어떤 상황, 어떤 분위기냐다. 근엄하고 격식을 따지는 행사장에서 그런 식의 스피치를 할 수는 없다. 그러나 이런 기법을 그냥 지나치지 말고 당신의 특별한 노하우로 발전시킨다면 매우 요긴하게 써먹을 수 있을 것이다.

이 기법을 활용하려면 승진, 이별, 축하 등 각각의 상황에 맞거나 어떤 상황에서도 활용할 수 있는 노래와 시를 선택해 수첩, 스마트폰 등에 메모를 해둘 필요가 있다. 특히 시는 그 전체를 기억에 의존하기 힘들다. 그럴 때는 메모해놓은 것을 보며 읊어도 좋다. 그 정도의 노력은 감수해야 사람들을 감탄시킬 수 있지 않을까?

스피치는 꼭 말로 해야 한다는 고정관념을 깰 필요가 있다. 노래도, 시도 결국은 언어라는 점을 기억해두자.

귀에 쏙쏙 박히게
말하는 법

•

　　속칭 '시장·군수 화법'이라는 게 있
다. 그분들을 모욕하는 건 절대 아니다. 그냥 재미로 받
아들였으면 좋겠다. 왜 그런 말이 나왔냐 하면 지방에서
어느 정도 규모 있는 행사를 하면 그들이 거의 빠짐없
이 등장하는데, 그들의 스피치 스타일이 비슷하기 때문
이다. 그들의 스피치 스타일을 말로 설명하는 것은 쉽지
않다. 상상력을 동원하면 무슨 말인지 감을 잡을 수 있
을 것이다. 젊잖게, 목에 힘을 주고, 목소리를 깔고, 재미

없고 무미건조하게, 담당 부서에서 써준 원고를 낭독하는… 그런 것이 상상될 것이다. 한마디로 흥미진진하지 않다.

흥미진진한 스피치가 되기 위해선 첫째, 내용에 예화·사례·사건을 담아야 한다. 관념적인 이론, 교과서적인 내용, 철학적이고 추상적인 이야기로는 청중을 사로잡을 수 없다. 말주변이 없다고 생각할수록 스피치를 예화, 사례로 채워라. 이 점을 반드시 명심해야 한다.

특히 직접 경험한 사건을 실례로 들 수 있다면 금상첨화다. 당신 인생에 극적인 충동을 준 사건이라든가, 절대로 잊을 수 없는 교훈을 준 이야기를 담으면 자연스럽고 흥미진진한 스피치를 할 수 있다. 그쯤 되면 웬만한 눌변이라도 상관없다.

앞에서도 말했지만 '백문이 불여일견'이다. '백 번 듣는 것보다 한 번 보는 것이 낫다'라는 이 말은 스피치에도 적용된다. 즉, 청중에게 백 번 들려주는 것보다 한 번 보여주는 게 낫다. 그럼 스피치에서 어떻게 보여줄 것인가? 스피치를 할 때 시각 자료를 들고 흔들라는 말인가?

그게 아니다. 말로써 시각 자료를 대신하라는 것이다. 이는 예화·사례·사건을 듣는 것이 낫다는 의미다. 억지로 만든 말이지만, 그렇게 받아들이자. 예화·사례·사건을 말하면 듣는 사람은 상상력을 동원해 그 내용을 머릿속에 그린다. 언어가 뇌 속에서 시각 자료로 변한다. 그리하여 이야기 속으로 빠져들게 된다.

흥미진진한 스피치가 되기 위해선 둘째, 청중이 알아듣기 쉬운 말을 사용해야 한다. 현학적 표현을 버리고 일상적인 용어를 구사해야 한다.

우리나라에서 그런 스피치에 능했던 사람은 말 잘하기로 소문난 노무현 전 대통령이다. 그는 '깽판', '양아치', '조진다' 등의 용어를 사용해 많은 비판을 받았다. 하지만 그 때문에 '노빠(노무현 오빠)'를 탄생시켰고, 사람들을 열광하게 했다. 한 번은 "대통령 못해먹겠다"라고 말해 논란이 일기도 했다. 그 의미야 어떻든 나는 그런 솔직한 표현이 좋다. 우리나라에서 가장 힘든 직업은 바로 대통령일 것이다. 그런데 젊잖게 "대통령직을 수행하기가 어렵다"라고 말했다고 생각해보자. 재미가 없다.

2003년 3월 민주당은 16대 대통령 선거 어록집《노무현은 이렇게 말했다》를 펴냈는데, 그 책을 보면 노무현 식 스피치가 청중들에게 호응을 얻을 수밖에 없는 특징을 발견할 수 있다.

"내 아들은 훈련이 고되다는 27사단에서 박격포 메고 박박 기다 돌아왔습니다"(인천 경선)

"제가 2000년 4월 이곳에서 출마했습니다. 까딱하면 될 뻔했는데 톡 떨어졌습니다. 그땐 되는 줄 알고 여러분에게 '감사합니다' 하면서 이 노래를 불러드렸습니다. (그리고 '부산 갈매기'를 불렀다.)"(12월 5일, 부산 북구 덕천로터리 앞 거리 유세)

노래를 불렀다니 앞서 언급한 스님이 떠오르지 않았는가?

미국의 언어 코치 프랭크 런츠는 자신의 저서《먹히는 말(Words that Work)》을 통해 '당신이 무엇을 말하느냐?'보다 '사람들이 무엇을 듣느냐?'가 더 중요하다고 강조했다. 먹히는 말이란 사람들이 잘 듣는 말, 쉬운 말, 생생한 말, 흔히 사용하는 말, 쉽게 이해되는 말이다. 나의 표현으로 하면 '삼삼한 말'이다.

　결론적으로 스피치는 자신의 용어를 청중에게 강요하는 게 아니다. 진정한 스피치 고수는 듣는 이들의 귀에 쏙 들어가는 용어와 표현을 사용한다.

스피치를 잘하지 못하는
사람의 특징 10

1. 자신감이 없다. 발음이 부정확하고, 말끝을 흐리고, 시선을 청중에 두지 못하는 등 연사로서의 자세에 결함이 있다.

2. 성의가 없다. 마지못해 말하는 것처럼 스피치에 임한다.

3. 핵심 포인트가 없다. 주제와 메시지가 없다. 시작부터 마무리까지 관통하는 일정한 주제와 핵심 메시지가 없다.

4. 새로운 것이 없다. 마음에 담을 만한 사례 · 예화 · 경험담을 소개하지 못하고, 모두 다 알고 있는 사실을 자신만 알고 있는 것처럼 중언부언한다.

5. 내용이 없다. 메시지를 명확하게 밝히지 않고 에둘러 이야기하거나 쓸데없는 말을 반복한다.

6. 계획이 없다. 미리 치밀하게 생각하지 않고 그저 생각나는 대로 말한다. 좌충우돌 갈팡질팡한다.

7. 유머가 없다. 유머를 전혀 구사하지 못하거나 구사한다 하더라도 저질스러운 내용이 가득하다.

8. 매력이 없다. 유행어나 비속어, 전문 용어, 외국어를 남용한다.

9. 자료가 없다. 평소에 스피치에 참고할 자료를 관리하지 않는다.

10. 변화가 없다. 목소리 크기, 말투, 표정, 제스처에 변화가 없다.

노래 부르듯
말하는 법

●

스피치를 잘하는 사람과 못하는 사람. 이 둘의 차이는 무엇에서 비롯될까? 물론 콘텐츠의 차이, 내공의 차이 등 여러 가지 요인을 꼽을 수 있다. 그렇다면 이런 질문도 생각해보자. 두 사람이 같은 스피치 원고를 가지고 청중 앞에 선다면 같은 인상을 줄까? 스피치 효과는 같을까?

내 대답은 'No'다. 스피치 원고가 같더라도 청중의 반응, 청중의 인식이 전혀 다를 수 있다. 한 사람에 대해서는 매우 유능하고 똑똑하고 말을 참 잘한다는 인식을 갖는 반면, 다른 사람에 대하여는 무능하고 멍청하고 말을 참 못한다고 생각할 수 있다. 그 결정적인 원인은 무엇일까? 바로 말하는 방식 때문이다. 우리는 그것을 뭉뚱그려 '말투'와 '어조'라고 표현하지만, 그것을 더 세밀하게 분석해볼 필요가 있다.

콘텐츠가 같다 해도 그걸 어떻게 말하느냐에 따라 전달 효과는 물론이고, 연사의 이미지가 달라진다. 그래서 무엇(what)을 말하느냐는 물론, 어떻게(how) 말하느냐도 중요하다.

그럼 어떻게 말해야 할까? 이 책 곳곳에서 바로 그 'how'에 대해 설명하고 있지만, 여기서는 스피치를 할 때 꼭 마음에 담아야 할 4P에 대해 설명하겠다. 4P는 'Power, Pace, Pitch, Pause'로, 많은 화술 전문가가 강조하는 내용이다. 그만큼 중요하니 주의 깊게 살펴보기 바란다.

첫 번째 P 'Power'는 힘을 말한다. 목소리에 힘이 있는 것과 없는 것의 차이는 모든 사람이 알고 있을 것이라 생각한다. 목소리에 힘이 없으면 자신감은 물론 성의와 진실성이 없어 보인다. 당연히 청중을 사로잡지 못한다. 그런데 계속 파워풀하게만 말해서도 안 된다. 악다구니를 쓰는 것처럼 보이면 청중의 주의가 오히려 분산된다. 따라서 때로는 강하게, 때로는 부드럽게 말할 필요가 있다.

두 번째 P 'Pace'는 말하는 속도를 말한다. 분명 말을 빠르게 하는 경우와 느리게 하는 경우의 인상이 다르다. 말이 빠르면 빠른 대로, 느리면 느린 대로의 장단점이 있다. 따라서 스피치를 할 때는 말하는 속도의 장점을 최대한 활용하면서 단점이 드러나지 않도록 주의해야 한다. 즉, 전달하고자 하는 내용에 따라 빠르기와 느리기를 적절히 활용할 필요가 있다.

세 번째 P 'Pitch'는 목소리 높낮이를 말한다. 전달하고자 하는 내용에 따라 때로는 목소리를 높여, 때로는 목소리를 낮춰 청중의 이목을 집중시켜야 한다. 줄기차게 목소리를 높이거나 낮춰서 말하는 것은 하수의 방식이다.

네 번째 P 'Pause'는 멈춤, 중단을 말한다. 스피치를 할 때 순간적으로 멈추고 중단하면 청중의 집중도와 몰입도를 높일 수 있다. 말을 하는 도중에 잠시 멈추면 청중은 연사가 무슨 말을 하려는지 집중하게 마련이다. 또한 단어와 단어, 주요 구절과 구절 사이를 적당히 멈추고 이어주면 스피치가 훨씬 리듬감 있게 느껴진다.

어떤가? 4P는 마치 노래 부르듯 스피치하는 기법이다. 4P야말로 어떤 면에서는 말하는 기법의 핵심이라 할 수 있다. 말을 잘하는 사람은 4P를 매우 적절히 활용함으로써 청중의 이목을 집중시키는 것은 물론, 프로의 경지를 보여준다.

말을 잘하기보다
말실수 하지 않기

•

많은 사람이 멋진 스피치를 하고 싶어
한다. 그래서 당신도 이 책을 읽고 있는 것이 아닌가? 그
런데 요즘은 세상이 험악해져서 좋은 스피치로 사람들
의 환호를 이끌어내는 것보다 잘못된 말 한마디로 야유
를 받지 않는 게 더 중요하다.

40년간 강의를 해온 나도 요즘엔 '명강의'를 생각하
기보다 '망강의(망한 강의)'가 되지 않도록 신경을 곤두세
운다. 사람들의 생각이 워낙 다양해 아무런 문제가 없는

것도 딱 한 사람이 문제를 만들면 문제가 된다. 걸면 걸린다.

얼마 전에 '갑질 못 참겠다 녹음기 켜는 직원… 괴롭힘 누명 쓸라 녹음하는 상사'라는 제목의 기사를 보았다. 직원은 직장 내 성희롱이나 갑질 등 괴롭힘의 증거를 남기기 위해, 상사는 혹시 모를 직원들의 신고에 대비해 본인의 무고함을 증명할 수단으로 녹음을 한다는 것이다. 직장인들이 사원증 모양의 녹음기를 목에 걸고 다니는 세상이다. 스피치도 마찬가지다. 말과 행동이 고스란히 사진이나 동영상으로 남는 경우가 비일비재하다. 그러니 스피치를 할 때마다 조심하지 않으면 안 된다.

예전에는 '세 치 혀가 사람을 죽이기도 하고, 살리기도 한다'라고 했는데, 요즘은 남을 죽이는 것은 고사하고 자칫 자살 행위가 될 우려가 높다. 그러므로 말을 잘하기보다 실수하지 않도록 하는 게 우선이다. 아니, 말을 잘한다는 것은 실수를 하지 않는다는 것을 전제로 한다.

말을 잘하는 사람을 보면 두뇌 회전이 빨라 그때그때 상황에 맞게 적절한 어휘를 선택하고 절묘하게 표현해 사람들을 감탄시킨다. 그러나 원숭이도 나무에서 떨어질 수 있는 법! 말을 잘하는 사람들이 설화를 일으키는 경우가 적지 않다. 어쩌면 말을 못하는 사람들보다 설화의 빈도가 더 높을지도 모른다. 말할 기회가 많으면 실수할 기회 또한 많아지기 때문이다. 말을 하지 않으면 중간은 갈 텐데, 유창한 화술을 구사하다가 그만 실수를 해버리는 것이다.

그럼 어떻게 해야 실수를 줄일 수 있을까?

첫째, 말을 유창하게 하고자 하는 지나친 욕망을 버려야 한다. 말에 대한 지나친 욕심을 자제해야 한다. 욕심이 크면 말을 할 때도 오버하게 되면서 낭패를 볼 확률이 커진다. 내가 많은 경험을 통해 뼈저리게 느낀 '말의 속성'이며, '스피치의 원칙'이다.

'내가 하고 싶은 말을 청중에게 성실하게, 이왕이면 재미있게 전달해 청중의 공감을 사겠다' 정도의 소박한 목표를 세우는 것이 좋다. 명연설을 시도하다 그만 말실수를 한다면 모든 게 허사가 된다. 즉석 스피치를 할 때는 이 점을 특히 더 조심해야 한다. 분위기에 휩쓸리거나 흥분해서 생각하지도 않은 말을 내뱉으면 곤혹을 치를 수도 있다.

둘째, 청중과 세상에 대한 긍정적 마인드를 가져야 한다. 그래야 긍정의 화술이 발휘된다. 나는 "화술(話術)보다는 심술(心術)"이라는 말을 즐겨 사용한다. 유창한 화술이란, 말하는 기술이기도 하지만 '마음의 기술'이라는 의미다. 마음을 좋게 가져야 긍정의 말, 부드러운 말이 나온다.

유머를 구사할 때도 마찬가지다. 진정한 유머는 긍정적이고, 사람들의 마음을 즐겁게 만들어준다. 하지만 그렇지 않은 유머는 부정적이고, 사람들의 마음에 상처를 남긴다. 그런 유머는 하지 않는 것만 못하다. 그것이야말로 큰 실수다. 말은 마음의 표현이다. 삐딱하게 세상을 보는 사람은 언제 설화를 일으킬지 모른다.

셋째, 스피치를 구상할 때 실수 요소를 면밀히 체크해야 한다. 용어 선택에서부터 유머와 사례 선택에 이르기까지 청중으로부터 거부당할 내용이 없는지 꼼꼼히 따져봐야 한다. 그러기 위해서는 청중이 어떤 사람들인지도 미리 파악해야 하고, 때로는 누군가가 녹음이나 녹화를 한다는 전제하에 예민하게 점검해야 한다.

지금은 자기 PR시대다. 말 잘하는 것이 경쟁력이 되는 시대다. 품격 있게 말하는 기술을 발휘하려면 그 전에 실수를 예방하는 방법부터 배워야 한다. 말을 잘하려고 하기보다 우선 말실수를 줄이고, 가슴 치는 후회를 하지 않도록 노력해야 한다. 단 한마디가 패가망신으로 귀결될수도 있다는 사실을 늘 기억해야 한다. 나름의 기준과 원칙을 가지고 조심조심 또 조심하는 수밖에 없다. 말로써말 많은 세상, 아무쪼록 말조심하자.

달변가일수록
조심해야 할 함정

•

　　달변가들은 말을 매끄럽게 한다는 공
통점을 가지고 있다. 내용을 말하는 게 아니다. 군더더기
없이 말을 빠르게 쏟아낸다. 누가 말을 빠르게 하는지 유
심히 살펴보다가 눈에 띄는 사람을 발견했다. 바로 '국민
의힘' 이준석 대표다. 그가 대표로 선출된 이후 TV에 출
연해 인터뷰하는 것을 여러 차례 봤는데, 정말 달변이다.
앵커보다도 유창하게, 숨도 쉬지 않고 말이 술술술 나온
다. 본인도 말이 빠르다는 것을 잘 알고 있었다. 인터뷰

에서 "사람들이 말을 너무 빨리 한다고 지적한다"라고 고백했으니까.

사람들은 달변을 부러워한다. 말을 늦게, 천천히 하는 사람은 "말 좀 빨리 해봤으면 좋겠다"라고 말할지도 모른다. 그러나 나는 말은 천천히 하는 게 좋다고 생각한다. 말이 빠른 것은 기질, 습관, 특성, 버릇인데, 그런 사람은 의도적으로 천천히 말하도록 노력해야 한다. 스피치를 하는데 말을 청산유수로 빠르게 해보라. 부작용이 발생할 가능성이 크다.

첫째, 경망스럽게 느껴질 수 있다. 가볍게 느껴져 품위가 반감된다는 말이다. 점잔을 빼며 거들먹거리는 것은 더 나쁘지만 말을 천천히 한다고 거들먹거릴 정도로 하자는 말은 아님을 잘 알 것이다. 이준석 대표의 경우, 이제는 보통의 젊은이가 아니다. 제1야당 대표요, 국가 의전 서열 8위에 해당되는 지위다. 그러니 인터뷰나 대화를 할 때 더 천천히 말하는 게 좋지 않을까 싶다.

둘째, 설득력이 반감될 수 있다. 말을 빨리 하면 시원시원하게 느껴질 수도 있지만, 자기 확신이 지나쳐 깊이 생각하지 않고 말을 내지르는 것 같은 느낌을 줄 수도 있다. 그것은 신뢰와 역함수의 관계다. 남을 설득하는 데 신뢰는 필수다.

셋째, 말이 빠르면 실언, 실수를 할 가능성이 커진다. 이 것이 문제의 핵심이다. 가장 중요한 부작용이다. 말을 할 때 생각이 말의 속도를 앞질러야 하는데, 말을 빠르게 하다 보면 생각이 미처 말의 속도를 따라가지 못하게 된다.

말이 빠른 사람은 일반적으로 두뇌 회전이 빠르기는 하지만, 깊이 생각할 여유 없이 즉흥적으로 떠오르는 생각을 말로 표현하므로 '아차!' 하는 실수를 할 가능성이 크다. 때로는 그 실수가 결정타가 될 수 있다는 점에서 말을 빠르게 하는 것은 매우 위험하다.

언젠가 '세상에서 가장 위대한 사람'이라는 제목으로 유튜브 방송을 한 적이 있다. 당신은 어떤 사람이 가장 위대하다고 생각하는가? 내가 깊은 탐색 끝에 내린 결론은 '자기를 반성하고 고치는 사람'이 가장 위대하다는 것이다.

지금까지 여러 스피치 화법을 소개했다. 이쯤에서 결론처럼 한마디 하고 싶은 것은 책을 읽는 데 그치지 말고 자신의 화법을 돌아보고 고칠 것은 화끈하게 고쳐보자는 것이다. 예컨대 말이 빠르다면 '나는 원래 그래'라고 할 것이 아니라 의도적으로 한 템포 늦게 말하는 버릇을 들여야 한다. '나는 태어날 때부터 말재주가 없어'라고 할 것이 아니라 말재주 없는 스타일로도 먹히는 스피치를 할 수 있도록 노력해야 한다.

당신은 어떤 식으로 말하는가? 경망스럽게 빠른 속도로 말하지는 않는가? 강렬한 용어, 극한 용어를 사용하는 돌직구 스타일은 아닌가? 그것을 말 잘하는 것, 즉 '말발'로 여기는 것은 아닌가? 당신의 말버릇을 냉정히 분석해보자. 그리고 반성하고 고쳐보자. 그러면 당신도 위대한 인물이 될 수 있다.

천천히 말할 때의 장점

1. 목소리가 낮아지고 정중해진다
2. 신뢰도가 높아진다.
3. 품격 있어 보인다.
4. 평범한 내용이라도 설득력이 높아진다.
5. 감정이 조절된다.
6. 실수하는 일이 줄어든다.
7. 같은 목소리라도 좋은 목소리로 느낀다.
8. 말을 잘하는 사람으로 인식된다.

출처: 《나는 당신이 스트레스 없이 말하면 좋겠습니다》, 고바야시 히로유키, 타커스

제4부

웃기겠다는
생각부터
버려라

남들 앞에서 멋지게 말 한마디를 하려고 할 때 가장 먼저 떠오르는 것이 무엇인가? 다름 아닌 '유머'다. 어떻게 하면 청중을 웃길 것인지 은근 스트레스 받는다. 그러나 스트레스 받을 필요 없다. 누구나 조금만 노력하면 유머를 구사할 수 있다. 웃기려고 하니까 힘들지 재미있게 말하려고 하면 방법은 얼마든지 떠오른다. 자기 나름의 스피치 공식을 만들어놓고 상황에 맞춰 활용하면 당신도 잘할 수 있다. 문제는 센스다.

어떻게
재미있게 말할 것인가

•

    스피치를 준비할 때 가장 먼저 떠오르는 것은 '어떻게 하면 재미있게 할 것인가'다. 그 정도로 사람들은 스피치에 반드시 유머가 들어가야 한다고 생각한다. 아니, 그래야 멋진 스피치가 되는 줄 안다. 맞다. 이왕이면 다홍치마라고 이왕이면 유머를 동원하는 게 좋다. 스피치 과정에서 청중을 한바탕 웃기면 자기 스스로가 말을 잘하는 사람 같아 내심 흐뭇할 것이다.

    자, 상상해보자. 윤여정 씨의 스피치에서 유머가 없었

다면 어땠을까? 그는 브래드 피트를 비롯해 전 세계 많은 사람을 재미있게 해주었다. 특히 영국은 유머를 꽤 중요하게 생각하는 나라이기에 그의 스피치가 강렬하게 느껴졌을 것이다.

그럼 어떻게 해야 유머를 잘할 수 있을까? 큰 스트레스가 아닐 수 없다. 그러나 발상을 바꾸면 의외로 쉬울 수 있다. 유머에 대한 생각을 조금 정리해둘 필요가 있다. 우리가 지금껏 '유머'라고 생각한 것들이 정말 유머였는지 말이다.

유머는 개그맨들이나 잘할 수 있는 것이라고 생각하고 있진 않은가? 상대가 박장대소하고 배꼽이 튀어나올 정도는 되어야 유머를 구사한 것이라고 여기고 있진 않은가? 그렇게 생각하면 유머는 한없이 어려워진다. 강조하지만 유머는 일상적인 것이다. 때로는 익살스러운 표정 하나가 유머가 되고, 때로는 장난기 있는 말 한마디, 행동 하나가 유머가 된다. 말투만 바꿔도 유머가 된다.

나는 유머를 이렇게 해석했다. 유머란 '유'연하게 '머'리를 굴려 웃음을 이끄는 것이지 '유'치하고 '머'저리 같은 짓을 하는 게 아니라고. 즉, 유머는 여유요, 넉넉함이다.

유머는 원래 개그나 코미디와는 다르다. 오히려 번득이는 재치나 기지를 의미하는 위트와 비슷하다. 은근한 웃음을 이끌어내면 그게 바로 유머다. 때로는 표정에 나타나지 않고 마음속에 나타나는 흥미요. 재미일 수도 있다. 때로는 매우 은근한 것이어서 조금 둔감한 사람은 그것이 웃기는 것인지도 모르고 지나칠 수 있다.

이렇게 유머에 대한 기준을 바꿔야 유머가 쉽게 다가온다. 우리는 이미 윤여정 씨를 통해 유머가 무엇인지 확인하지 않았는가. 누구나 개그맨이 될 수는 없지만 유머리스트는 될 수 있다. 유머에 대한 말재주가 없다면, 유머를 구사하고 싶다면 다음 요령을 실행에 옮겨보자.

목표를 하향 조정하라

유머에 소질이 없는데 웃기려고 하니 힘들다. 유머 콤플렉스를 벗어던져라. 청중을 웃기겠다는 욕심은 금물이다. 유머에 자신이 없으면 유머에 대한 목표를 낮게 잡아라. 그러면 마음이 한결 편해지고 오히려 유머가 잘된다.

'내 나름대로 재미있게 말하겠다' 정도의 소박한 목표가
좋다.

유머를 하지 말고 농담을 하라

유머를 하지 못하겠거든 그냥 농담을 하라. 그러면 된
다. 유머가 농담 아니냐고? 맞다. 영어 해석은 농담으로
도 나온다. 그러나 그 어휘가 주는 묘한 뉘앙스의 차이에
유념하자. 어감상 '유머'는 좀 더 격식을 갖추고 은유와
멋스러움이 배어 있다면, '농담'은 별 부담 없는 '실없는
장난'과 같은 느낌을 준다. 유머를 못하는 사람도 농담은
할 수 있다. 유머를 못하는 사람은 많아도 농담을 못하는
사람은 거의 없지 않은가. 다시 한 번 강조하지만 유머에
자신이 없다면 그냥 농담을 하라. 그러면 당신도 할 수
있다.

말투를 바꿔야 유머가 된다

농담이나 유머를 할 때는 말투가 바뀐다. 분명 농담 말
투, 유머 말투는 따로 있다. 누군가가 내게 유머 구사에

있어 가장 중요한 요소가 무엇이냐고 묻는다면 나는 '말투'라고 대답한다. 예컨대 "밥 먹었니?"라는 지극히 평범한 말도 개그맨 심형래 씨의 '영구 말투'로 하면 사람을 웃길 수 있고 유머가 될 수 있다. 프로이트는 "웃음은 내용보다 말하는 사람의 태도에 좌우된다"라고 말했다. 여기서 말하는 '태도'란 말의 내용을 제외한 모든 것을 말한다. 즉, 표정, 제스처, 어조, 말투 등.

셀프 디스하라

'셀프 디스'란 자기를 낮추어 사람을 웃기는 것이다. 이는 유머를 잘하지 못하는 사람도 쉽게 구사할 수 있는 좋은 방법이다. 제43대 미국 대통령을 지낸 조지 워커 부시는 미국 텍사스 주 댈러스에 있는 남부감리교 대학의 졸업식에 참석했다. 연단에 오른 부시는 일단 "탁월한 성적으로 졸업하는 학생들에게 매우 잘했다고 말하고 싶다"라고 축하의 말을 건넨 뒤 이렇게 말했다.

"나처럼 C학점을 받은 사람도 대통령이 될 수 있다는 점을 알려주고 싶다."

폭소와 환호가 터졌다. 바로 이런 것이 셀프 디스 유
머다.

'자뻑'하라

'자뻑'이란 자기 자신에게 도취되어 정신을 처리지 못
하는 것이다. 한마디로 지나친 자기 칭찬이요 자기 자랑
이다. 자기 자랑은 속물스럽게 느껴질 수도 있지만, 과장
된 자뻑, 누구나 알아차릴 능청스런 자뻑은 사람들을 웃
길 수 있다. 못난이가 "세상에 저 같은 미남이 있겠습니
까?"라고 말하는 것이 바로 자뻑 유머다. 이렇듯 자뻑 유
머를 할 때는 정말로 자신에게 도취되는 것이 아니라 장
난기 있는 농담성 자뻑을 해야 미워 보이지 않는다. 그게
기술이다.

다양한 유머거리를 구하라

평소에 유머거리를 수집할 필요가 있다. 그 과정에서
조금씩 유머 감각이 커지고 내공이 쌓인다. 인터넷에서
든, 다른 사람에게서든 자신이 충분히 재활용(?)할 수 있

겠다 싶은 유머 소재를 발견하면 즉시 메모해두고 적절한 기회에 활용하기 바란다.

현장을 활용하라

많은 유머거리를 갖고 있어도 현장 상황에 적절하지 않을 수 있다. 또한 말재주 없는 사람은 유머거리를 갖고 있어도 썰렁하게 말하기 쉽다. 그럴 때는 오히려 현장 상황을 잘 이용해 농담을 던지는 게 유용하다. 오바마가 대통령 퇴임을 앞두고 고별 연설을 할 때다. 오바마가 등장하자 청중들이 기립 박수를 치며 "오바마!"를 연호했다. 오바마는 "땡큐!"를 연발하며 그만 자리에서 앉으라고 손짓했지만, 청중들의 환호는 그칠 줄 몰랐다. 그러자 오바마가 유머를 날렸다.

"아무도 나의 지시를 따르지 않는 것을 보니 레임덕이 확실하군요."

정말 기막힌 유머다.

유머에도 금기는 있다

유머를 구사할 때 꼭 지켜야 할 것이 있다. 다음 금기 사항을 잘 기억해두지 않으면 유머를 구사하고도 분위기가 썰렁해지는 상황에 처하게 될 것이다.

첫째, 유머를 말하기 전에 먼저 웃지 말 것! 의외로 이런 사람이 많다. 자기는 어떤 유머를 할 것인지 알기에 말을 꺼내기도 전에 '픽'하고 웃어버린다. 그것이야말로 김새는 행동이다.

둘째, 유머를 하겠다고 예고하지 말 것! "제가 웃기는 이야기 하나 해드리죠"라고 말하지 말라는 것이다. 청중의 기대치가 높아지면 잘 웃지 않는다. 청중은 의외의 말을 듣는 순간에 빵 터지는데 미리 예고를 한다면, 이는 웃지 말라고 재를 뿌리는 행위다.

셋째, 심각한 표정과 어조로 말하지 말 것! 내가 수많은 실험(경험)을 통해 확신을 갖고 있는 부분이다. 표정과 어조가 심각하면 유머가 안 된다. 청중이 마음을 열지 않고 바짝 얼어버린다. 느긋이 능청스러운 표정으로 말을 해야 유머 말투, 농담 말투로 바뀌어 자연스럽게 웃음을 이끌어낼 수 있다.

유머거리는
어디에나 있다

•

　　사단법인 한국강사협회라는 곳이 있
다. 전국의 산업교육 강사들의 모임이다. 새해를 맞아 간
부들의 신년 인사회 겸 새로 취임한 회장을 위한 축하
행사가 있었다. 나는 회장을 지냈던 자격으로 그 자리에
참석했다.

　　드디어 참석자 전원이 한마디씩 인사말을 하는 순서
가 되었다. 소위 말꾼들이 모였으니 어떤 인사말로 두각
(?)을 나타낼지 관심을 갖고 지켜봤다. 스피치를 연구하

는 사람으로서는 이런 시간이 정말 좋은 기회다. 좋은 사례를 구할 수 있으니까. 오간 말을 그대로 중계해보면 가장 먼저 마이크를 잡은 사람이 이렇게 말했다.

"이번에 회장 후보로 여러 분이 거론됐다고 하던데, 결국 최종적으로 선택된 분이 바로 최종택 회장님이시네요."

웃음이 터졌다. 그럴듯하다. 이름부터 타고난 회장감인 셈이다. 이어서 사회자가 "다음은 자문위원님 인사말입니다"라고 소개했다. 자문위원이 마이크를 넘겨받았다.

"오늘 이 자리에 참석해보니 제가 과연 그동안 자문위원으로서 역할을 잘했는지 자문하게 됩니다."

이런 유머가 바로 용어 연출법이다.

기억에 남은 인사말이 또 있다. 80세에 가까운 나이에도 불구하고 열정적으로 강의 활동을 하고 계신 분이 인사말을 했는데, 다른 사람에 비해 꽤 길었다. 순간 본인도 '아차!' 싶었는지 농담조의 말투로 이렇게 마무리했다.

"그러니까 늙은이에겐 마이크를 주지 말라고 했잖아요."

폭소가 터졌다. 이 한마디로 모든 게 정리됐다. 무엇보다도 자신이 말을 길게 했다는 것을 알고 있다는 메시지를 던졌다. 알면서도 할 말이 있어 길게 했다는 의미다. 이쯤 되면 인사말이 좀 길었던 것은 문제도 안 된다.

곧이어 협회 임원으로 새로 임명된 사람에게 임명장을 수여하는 순서가 됐다. 사회자가 말했다.

"시간관계상 여러 임원님 중 대표로 세 분에게만 임명장을 드리고, 다른 임원님들께는 돌아가실 때 드리겠습니다."

그러자 객석에서 한 임원이 외쳤다.

"아이고, 죽을 때 가져가라고요?"

'돌아가실 때'와 '죽을 때'가 같은 의미인 것을 이용한 유머다. 이렇게 웃음이 끊이지 않고 행사가 진행됐다. 역시 말꾼들의 모임은 다르다. 그날의 '언변'들이 참 인상 깊어 다음 날 동영상으로 만들어 유튜브에 올렸다. 조회수가 꽤 많았다.

어떤가? 인사말을 할 때 어떻게 하면 되는지 영감을 얻었는가? 매우 공식적인 자리가 아니라면 이런 식으로 말하면 된다. 결코 어렵지 않다. 다시 한 번 정리해보겠다.

첫째, 현장 상황을 잘 살피면 말할 거리를 발견할 수 있다. 유머를 따로 준비하지 않았더라도 즉석에서 유머를 건질 수 있다.

둘째, 말꼬리를 잘 잡아야 한다. 누군가의 말에서 힌트를 잡으면 그것으로 충분히 재미있는 인사말 정도는 이어갈 수 있다.

셋째, 역시 유머 중에 가장 쉽고도 유용한 방법은 용어 연출법, 일명 '워드플레이(wordplay)'다. 말장난 유머는 누구라도 쉽게 할 수 있다.

당신도 얼마든지 할 수 있다. 유머거리는 도처에 깔려 있다. 관심을 갖고 보면 차고도 넘친다. 보면 보인다. 별 것 아니게 보이는 것도 조금만 머리를 굴리면 유머가 된다. 내 명함 뒷면에 새겨진 나의 어록 그대로다.

'궁리하라, 그러면 된다.'

웃기겠다는 생각부터
버려라

•

많은 사람이 유머 때문에 스트레스를
받기에 유머에 대해 조금 더 알아보자. 스피치를 즉석 스
피치와 준비 스피치로 나누듯 유머도 스피치 현장에서
즉흥적으로 구사하는 '즉석 유머'와 미리 준비된 유머를
구사하는 '준비 유머'로 나눌 수 있다.

또한 유머 구사법에 대한 수많은 이론과 사례가 있다.
서점에 가보라. 유머에 관한 책이 얼마나 많은지 놀랄 것
이다. 나도 유머에 관한 책을 네다섯 권 썼을 정도다. 그

러나 그 모든 책을 다 읽는다고 해서 모두 기억할 수도, 모두 써먹을 수도 없다. 당장 스피치를 해야 하는데 유머를 좀 구사하고 싶다면 모두 다 잊고 딱 두 가지만 활용하기를 권한다.

현장 상황을 최대한 활용해 유머를 구사하는 '상황 활용법', 그리고 단어(용어)를 이리저리 굴려 유머러스하게 구사하는 '용어 연출법'이 바로 그것이다. 전자는 즉석 스피치에 유용하고. 후자는 준비 스피치에 유용하지만 반드시 그런 것은 아니다.

먼저 상황 활용법에 대해 알아보자. 이는 스피치 현장 상황을 이용해 유머를 구사하는 방법이다. 스피치가 이루어지는 '바로 그 자리'의 상황을 활용하면 된다. 지금까지 소개한 스피치 사례 중에도 상황 활용법을 구사한 것이 꽤 있었다.

현장에는 많은 유머거리가 있다. 다만 알아차리지 못하거나 활용하지 못할 뿐이다. 스피치를 하는 바로 그 자리에는 무엇이 있는가? 청중이 있고, 연사가 있다. 먼저 스피치를 하는 사람이 있고, 나중에 스피치를 하는 사람이 있다. 그들의 말과 행동이 있다. 또 있다. 바로 상황이다. 날씨가 있고, 스피치하는 장소가 있고, 그곳의 분위기가 있다. 그리고 당신 자신이 있다. 바로 그런 상황을 이용하면 된다.

윤여정 씨는 이 방법을 이용해 폭소를 이끌어냈다. 서양인들이 한국인 이름을 제대로 부르지 못하는 상황을 캐치한 유머다.

"유럽의 많은 이들이 제 이름을 '어영'이라고 하거나 그냥 '유정'이라고 부르는데, 오늘은 여러분을 모두 용서해드리겠습니다." (폭소)

이렇듯 '즉석'에 있는 여러 상황을 센스 있게 스피치에 활용해 즉석에서 유머로 구사하는 것이 바로 상황 활용법이다.

연사가 지각을 했다. 분위기가 냉랭했다. 헐레벌떡 단상에 오른 연사가 이렇게 말문을 열었다.

"지각을 해서 죄송합니다. 서울 시내에 차가 꽉 막혀서 이렇게 늦었습니다. 교통부장관과 서울시장을 대신해 사과드립니다."

청중의 폭소가 터졌다. 이런 식으로 유머를 구사하는 것이다. 그때그때 상황을 유머의 눈으로 보면 무궁무진한 유머가 나온다. 특이한 상황에 주목하라. 유별난 상황에 스피치 소재가 있고 유머거리가 있다. 특이하고 유별난 상황에서 얼마만큼 기발한 발상을 하느냐에 따라 유머가 결정 난다.

이번에는 용어 연출법을 알아보자. 일명 '말장난하기'라고도 한다. 용어 연출 방식 또한 무궁무진하다. 한 유튜브 채널(세포언니TV)과 인터뷰를 한 적이 있다. 왜 '세포언니'라는 명칭을 썼는지 물었더니 상당히 철학적(?)인 의미를 설명했다. 인간이 결국은 하나의 작은 세포로 시작된다나? 그 말을 듣고 내가 이렇게 말했다.

"저는 세상을 포기한 언니인 줄 알았어요."

그녀가 빵 터졌다. 이렇게 용어를 풀어서 하는 것은 물론, 남녀평등을 '남자는 여자에 비해 평균적으로 등신이다(내가 만든 유머임)'라는 식으로 풀어내듯 어떤 용어를 재미있게 풀어내는 것도 마찬가지다.

자, 어떤가? 이렇듯 상황과 용어를 활용하는 유머 구사법이 가장 편리하고도 한 방에 빵 터트릴 수 있는 방법이다. "옛날에 맹구가 살았는데…"와 같이 스토리로 풀어가는 유머는 스피치에서 별로 좋은 방식이 아니다. 짧은 시간에 긴 이야기로 시간을 낭비할 수도 있고, 본말이 전도될 수도 있기 때문이다.

유머를 어렵게 생각하면 스트레스가 된다. 유머는 아무것도 아니다. 웃기겠다는 생각을 버리고 그 자리의 상황과 기억할 만한 용어를 잘 활용해 유연하게 머리를 굴려 웃음을 이끌어내면 된다. 용어 연출법에 대해서는 이후에 좀 더 다루도록 하겠다.

SPEECH BOX

상황 활용 유머를
만드는 방법

현장 상황을 활용해 순간적으로 재치 있게 만들어지는 유머가 즉석 유머 같지만 면밀히 분석해보면 그것에도 일정한 룰과 순서가 있게 마련이다. 그 수순이 순간적·반사적으로 일어나는 게 즉석 유머다. 모든 현장 유머가 똑같은 수순을 밟는 것은 아니지만 대략 다음과 같은 절차를 거치며 유머가 만들어지고 구사된다.

- **상황에 주목한다**
  뭔가 느낌이 있는 상황, 특이한 분위기 등을 주목한다.

- **유머를 생각한다**
  재미있는 상황이 목격되면 지나치지 않고 '유머 생산'을 의도적으로 떠올린다.

- **연결해 궁리한다**
  연상 작용을 통해 상황의 핵심을 유머적 요소와 결합시킨다.

- **유머적 표현을 구상한다**
  연상 작용으로 얻어진 결과를 바탕으로 유머적 표현, 즉 어휘,

내용, 어순을 선택한다.

- **표현한다**

  말투, 표정, 제스처 등을 덧붙여 유머로 표현한다.

삼행시도
얼마든지 유머가 된다

•

유머에 자신 없는 사람이 가장 활용하기 좋은 것이 용어 연출법이다. 이 방법은 나름의 품격을 갖추고도 재미있고, 사람들에게 좋은 인상을 줄 수 있어 매우 요긴하다. 이것을 잘 활용하면 누구나 유머를 스스로 창작하여 매우 독창적인 유머를 구사할 수 있다. 용어 연출의 용도가 얼마나 다양한지를 보여주는 사례를 소개한다. 짧은 스피치를 하는 데 매우 유용하다는 사실을 깨닫게 될 것이다.

내가 강원도 정무부지사로 있을 때다. 방송 희극인(코미디언, 개그맨 등) 80여 명이 운동회를 하기 위해 춘천에 왔다. 나는 그곳에서 연설을 하게 되었는데, 날씨가 무척 더웠다. 땡볕 잔디밭에서 벌어진 개회식에서 여러 귀빈이 인사말을 했다. 그런데 모두 하나같이 판에 박힌 말을 하는 것이 아닌가! 이를테면 다음과 같은 내용이 주를 이루었다.

"눈부시게 푸른 6월에 이렇게 춘천까지 오셔서 운동회를 하신다니 너무 뜻깊다. 코미디나 개그도 좋지만 뭐니 뭐니 해도 건강이 제일이다. 오늘 하루 모든 것을 잊고 즐겁게 보내자."

그것도 짧게 하는 것이 아니라 중언부언 길게 했다. TV에서나 보던 유명 연예인들이 앞에 있으니 하고 싶은 말이 많았던 모양이다. 자신의 신분과 언변을 과시하고 싶었는지도 모른다. 이거야말로 요령 없는 짓이다.

비슷한 내용의 연설이 이어지자 여기저기에서 수군대는 소리가 들렸다. 다음 연사가 스피치를 하기 위해 단상에 오르자 그들은 주먹 쥔 한 손을 하늘로 뻗으며 큰 목

소리로 "짧게! 짧게!" 구호를 외쳐댔다. 시위를 하는 듯
한 풍경이었다. 그럼에도 연사들은 비서가 써준 연설문
을 그대로 읽었다. 딱한 노릇이 아닐 수 없다.

순서를 기다리던 나는 준비해간 연설문을 읽었다가
는 낭패를 볼 수도 있겠다고 판단했다. 링컨의 게티즈버
그 연설 같은 스피치도 그 자리에서는 통하지 않을 듯했
다. 그럼 무슨 말을 하지? 앞 사람이 인사말을 하는 동안
나는 긴급히 머리를 굴렸다. 그리고 '옳지! 이렇게 해야
겠구나' 하고 구상을 끝냈다. 불과 1~2분 사이에 새로운
스피치를 머릿속에 그려 넣었다. 순서가 되었을 때 나는
유유히 연단에 나가 이렇게 말했다.

"안녕하세요? 이곳 강원도 춘천까지 와주셔서 정말 고
맙습니다. 의미 있고 좋은 말씀은 앞의 분들이 다 해주셨
으니 저는 삼행시로 대신하겠습니다. 제목은 '코미디'입
니다. 운을 떼주세요."

그러자 그들이 큰 목소리로 한 자씩 외쳤다. 자신들의
직업으로 삼행시를 한다니, 관심이 고조되는 것이 당연
하다.

"코!"

"코피 터지게 살벌한 이 세상에."

"미!"

"미소, 폭소, 웃음 주시는 분들 마카 다 오셨군요.(마카
는 '모두'라는 뜻의 강원도 사투리인데 일부러 그 단어를 사용했다.)"

"디!"

"디따 많이 웃겨주세요. 여러분 파이팅!(디따는 '정말',
'지독하게', '많이'라는 뜻의 신세대 용어다.)"

웃음과 환호가 폭발했다. 그 장면이 상상되는가? 연예
인을 보기 위해 주위를 에워싸고 있던 수백 명의 구경꾼
도 탄성을 터트렸다. 자리로 돌아가자 한 원로 희극인이
이렇게 말했다.

"코미디언을 웃긴 명연설입니다."

그날 나의 스피치는 말할 것도 없이 인기 최고였고, 사
람들에게 짧지만 강렬한 인상을 남겼다.(내 자랑이지만, 팩트
인 걸 어쩌나.)

이렇듯 낱말 각각의 글자를 활용해 시처럼 해석함으
로써 웃음을 이끌어내는 것이 '삼행시법'이다. '삼행시

법'이라고 해서 꼭 삼행이어야만 하는 것은 아니다. 오행시도 될 수 있고, 육행시도 될 수 있다. 이 역시 용어 연출법의 한 형태다.

입담이 없는 사람도
바로 써먹는 용어 곱씹기

●

　　유머의 백미라 할 수 있는 용어 연출법
은 입담이 별로 없는 사람도 유머에 대한 희망과 가능성
을 갖게 한다. 그래도 유머를 못하겠다고? 머리를 쓰면
얼마든지 할 수 있다. 당신 스타일의 유머를 만들어낼 수
도 있다. 이건 입담의 문제가 아니라 성의의 문제다. 노
력하면 얼마든지 해낼 수 있다.

　한 수 가르쳐드리겠다. 사실 한 수가 아니라 이게 핵
심이다. 유머를 구사하고 싶다면 용어 연출법을 주된 무

기로 활용하면 좋다. 용어 연출을 하기 위해서는 '용어 곱씹기'를 생활화하라는 것이다. 잊지 말라. '용어 곱씹기'다.

특정 단어나 짧은 문장을 입속에서 굴려보며 곱씹다 보면 새로운 용어가 튀어나온다. 뒤집어보고, 끊어 읽다 보면 평소에 생각하지 못했던 엉뚱하고 재미있는 의미를 발견할 수 있다. 예컨대 난센스 퀴즈 중에 '산토끼의 반대말은 무엇인가?'라는 것이 있는데, 금방 생각나는 대로 '집토끼'라고 대답하면 하수다. 곱씹으면 수많은 대답이 나온다. 집토끼, 죽은 토끼, 바다 토끼, 판 토끼, 알카리 토끼, 심지어 끼토산까지.

프랑스의 철학자 앙리 베르그송은 "하나의 사실이 두가지로 해석되면 유머가 된다"라고 말했다. 하나의 단어가 두 가지 의미로 해석되거나 유사한 발음의 단어가 다른 의미로 사용되어 유머가 될 수 있다. 어렵게 생각할 거 없다. 이런 기법이 용어 연출법 중 하나인 '동음이의어 유사어법'이다.

100세 시대가 되면서 유행한 용어가 있다. '9988'이 그것이다. 무슨 뜻인지는 설명하지 않겠다. 이는 건배사로도 쓰이고, 노후에 관한 스피치와 강연에서 자주 등장한다. 이 구호가 나온 지 20년 가까이 됐다.

이 구호는 금세 진화를 시작해 불과 몇 달 만에 '9988234', 즉 '99세까지 팔팔하게 살고 이삼 일 앓고 사망하자'라는 구호로 변했고, 다시 '9988231', 즉 '죽기는 왜 죽어? '99세까지 팔팔하게 살고 이삼 일 앓은 후에 벌떡 일어나자'라는 결의로 바뀌었다. 숫자만으로도 재미있게 말할 수 있다.

그것을 보고 가만히 있을 내가 아니다. 머리를 작동시켰다. '9988231'보다 더 길게 만들 수 없을까 궁리한 끝에 '99887733241000'을 생각해냈다. 장수와 관련된 숫자 유머로는 가장 길다. 단, 기억하기 힘들 것이고, 따라 읽는 것도 벅찰 것이다. 이는 '99세까지 팔팔하고 칠칠하고 삼삼하게 살고 이틀만 앓고 사망한 후에 천당 가자'라는 뜻이다. 어떤가. 그럴듯한가?

이걸 만들고 10년이 지난 2016년 10월 5일(정확히 기억한다) 퇴직 준비자들을 대상으로 하는 강의를 하기 위해 제주도로 떠났다. 제주도의 한 호텔에 머물던 나는 새벽에 일어나 아침에 실시할 강의를 머릿속으로 리허설해 보며 어떤 유머로 분위기를 사로잡을지 머리를 굴렸다. 강의록에는 나의 버전인 '99887733241000'이 있었지만, 좀 더 간단하고 쌈박한 것이 없을까 궁리했다.

그런데 깊이 생각할수록 '9988'은 헛된 망상이라는 생각이 들었다. 99세에 88한 사람을 못 봤으니까. 그래서 좀 더 실감나고 현실적인 것은 없는지 숫자를 곱씹기 시작했다. 얼마 지나지 않아 새로운 아이디어가 떠올랐다. 그렇게 탄생한 것이 '444444'다. 4가 6개.

무슨 뜻이냐고? '사는 데까지 살되 사랑하며 살고 사람답게 살자'다. 어떤가? 나는 이 구호가 최고라고 자부한다. 그날 엄청난 폭소가 터졌고, 여기저기에서 메모하는 모습을 볼 수 있었다.

이 버전을 집에 돌아와 아내에게 자랑했는데 평소 언변이 별로 없다고 생각한 아내가 의외의 아이디어를 보태줬다. 44를 덧붙여 '44444444', 4가 8개다. 나중에 덧붙여진 44는 '사흘만 앓고 사망하자는 다짐'이다.

어떤가. 언변이 없어도 얼마든지 유머를 만들 수 있다. 문제는 노력이요, 관심이다. 껌만 씹지 말고 용어도 수시로 잘근잘근 곱씹자. 당신도 유머리스트가 될 수 있다. 당신 특유의 독창적인 유머를 만들 수 있다.

이러면 청중은 웃지 않는다

- 설교조로 말하면 웃지 않는다.
- 청중이 연사가 할 말을 예측할 수 있게 말하면 웃지 않는다.
- 포효 절규하듯, 그리고 속사포로 말하면 웃지 않는다.
- 성공담이나 자기 자랑으로는 청중을 웃기기 어렵다. 성공담을 이야기할 때 청중이 웃는 부분은 셀프 디스나 실패담이다.
- 비장, 엄숙, 심각한 표정과 말투로는 웃기기 힘들다.
- 고저강약, 완급이 없는 무미건조한 말투로는 웃기기 힘들다.
- 낮고 느린 발성과 성의 없는 말투로는 웃기기 힘들다.
- 유머를 예고하거나 연사가 실없이 먼저 웃어버리면 웃지 않는다.

끝이 좋아야
모든 게 좋다

•

앞서 스피치 시작이 얼마나 중요한지 설명했다. 지금부터는 마무리에 대해 알아보자. 끝이 좋아야 다 좋다. 끝날 때까지 끝난 게 아니다. 스피치는 끝맺음을 산뜻하게 해야 한다. 많은 사람이 다음과 같이 스피치를 끝낸다.

"경청해주셔서 감사합니다."

"이야기를 끝까지 들어주셔서 고맙습니다."

이에 대해 데일 카네기는 "절대로 용납할 수 없다"라

고 했다. 그만큼 잘못된 끝맺음이다. 격식을 갖춘 품격 있는 스피치일수록 마지막도 멋지게 장식해야 한다.

중요한 메시지나 다짐이 마무리 단계에 나오는 경우가 많다. 그러나 이 역시 상황과 스피치의 격에 따라 다르다. 보통의 즉석 스피치는 카네기가 지적한 대로 끝맺음을 할 수밖에 없는 것이 현실이다. 별것 아닌 스피치에서 거창한 선언을 할 것도 없지 않은가.

한편 상당히 비중 있는 스피치(대개 준비 스피치)에서는 마무리 단계에서 스피치의 핵심을 언급하는 경우가 많다. 마무리이기에 청중에게 강한 인상을 주고자 하기 위함이다. 그래서 마무리 부분에서 '명언', '어록'이 탄생하기도 한다. 링컨의 "국민의, 국민에 의한, 국민을 위한 정부"도 스피치 마지막 부분에서 나왔다. 스티브 잡스의 그 유명한 "Stay hungry, stay foolish" 역시 마찬가지다.

우리가 흔히 행하는 즉석 스피치에서는 거창하게(?) 끝맺음을 하는 경우가 별로 없지만, 나름대로 의미 있는 언급으로 적절하게 끝맺음을 할 필요는 있다.

예를 들어, 송별회에서 즉석 스피치를 하게 되었다면

220

"우리는 당신이 이곳에서 남긴 탁월한 업적과 함께 당신의 이름을 영원히 기억할 것입니다" 정도는 충분히 할 수 있을 것이다. 그 정도는 하자는 말이다.

또는 본론에서 광범위하게 말했던 것을 짧게 요약해 다시 한 번 정리해주거나 청중에게 바라는 것을 짧게 호소하고 강조하는 것도 한 방법이다. 단순한 인사말로 끝내기보다 결의로 끝내는 것이 더 멋있다. 어렵지 않다. 이런 식이다.

"우리 다 같이 분발합시다."

"이제부터 함께 전진합시다."

좋은 스피치를 하고 싶다면 어떻게 하면 청중들이 기억할 만한 마무리를 할 것인지 아이디어를 낼 필요가 있다.

한 가지 더 중요한 사항이 있다. 요즘은 말로써 말이 많은 세상이다. 별것 아닌 것 같지만 그 말의 대상이 된 사람에게는 좋지 않은 인상을 남겨 설화에 휩싸일 가능성이 매우 크다. 그러므로 스피치 도중에 '아차' 싶은 부분이 있었다면 마무리 단계에서 부적절했던 표현에 대해 분명하게 해명 또는 사과를 한 뒤 스피치를 끝내야 한다. 그 자리에서 무마하고 해소해 문제를 최소화해야 한다. 그러지 않으면 어떤 후과를 치를지 모른다. 말 한 마디 자유롭게 하기 어려운 세상이다.

성공적인 끝맺음 요소

- 메시지를 다시 반복한다.
- 청중이 지금껏 들었던 내용으로 미래에 무엇을 할 수 있을지 분명하게 말해준다. 이때 주장을 언급한다.
- 적절한 인용문을 언급한다.
- 행사 주최 측과 청중에게 감사한다.
- 작별 인사를 한다.
- 마지막으로 중요한 것, 박수갈채.

출처: 《기막힌 말솜씨》, 로먼 브라운, 흐름출판

급할 때는
12345

·

이 책의 앞부분에서 즉석 스피치 공식 '44444'를 언급했다. 스피치를 잘하려면 몇 가지 요령을 공식으로 머릿속에 넣어두는 것이 좋다. 그래서 지금부터 스피치에 대한 공식 몇 가지를 추가로 소개하려 한다. 가능하면 기억하기 쉽게 만드는 것이 나의 방침이다. 스피치의 여러 이론과 요령을 책으로 많이 접하고도 스피치가 잘 되지 않는 이유 중 하나는 그것이 현장에서 선명하게 기억나지 않기 때문이다. 꿩 잡는 게 매다. 부뚜

막의 소금도 집어 넣어야 짜다.

즉석 스피치를 해야 할 상황에서 얼른 기억해내고 활용하기 쉽게 스피치 구성법을 만들었는데, 이번에 제공할 공식은 '일·이·삼·사·오'다. '일·이·삼·사·오'의 음에 맞춰 공식을 만들었다. 암기하기 쉬울 것이다. 잘 기억해두었다가 활용하기 바란다. 분명 도움이 될 것이다.

일: 한 가지 주제, 한 가지 메시지에 집중하라

즉석에서 스피치를 해야 한다면 한 가지만 제대로 말하자. 짧은 연설을 통해 당신이 전달하고자 하는 한 가지 메시지만 잘 전달하면 된다. 그것으로 족하다. 당신이 청중에게 말하고자 하는 것은 '한 가지'다.

이: 이야기하듯 말하라

몇 차례 강조했듯 스피치는 이야기하듯 자연스럽게 하는 게 정석이다. 친구를 앞에 두고 이야기하듯 말해야 말이 술술 나오게 되어 있다. 목소리를 높여 연설식이나 웅변식으로 말하지 마라. 그러면 두뇌가 경직되어 말이 잘 나오지 않는다. 떨릴수록 이야기하듯 말하는 게 좋다.

삼: 삼삼한 표현을 하라

'삼삼하다'를 사전에서 찾아보면 '잊히지 않고 눈앞에 보이는 듯 또렷하다'라고 나와 있다. 그렇다. 이야기하듯 말하되 청중의 마음이 끌리게 해야 한다. 당신의 이야기가 눈앞에서 보이듯 또렷하게 표현해야 한다. 같은 말이라도 현학적이거나 문어체인 표현을 삼가고, 현장 감각이 드러나도록 표현해야 한다. 삼삼한 표현이란 대화를 나누듯 일상용어를 쓰는 것이다. 당신이 전달하고자 하는 바를 청중들이 쉽게 알아듣도록 이야기에 감정을 담아 열심히 말하면 자연스럽게 삼삼한 표현이 나오게 되어 있다. 앞서 흥미진진하게 말하는 방법을 다루었으니 참고하기 바란다.

사: 사건, 사연으로 말하라

이에 대해서는 이 책에서 계속 강조했다. 그만큼 스피치에서 중요한 부분이다. 한 가지 주제를 설명할 때 어떻

게 해서든 사건·사연·사례·예화·에피소드(모두 같은 말
이다)로 말하라는 의미다. 마이크를 잡자마자 "제가 어제
기가 막힌 일을 목격했습니다"라고 말한다면 주의를 기
울이지 않을 청중은 없을 것이다.

오: 오래 끌지 마라

즉석 스피치야말로 '3분 스피치'면 충분하다. 그것도
길다. 한 통계에 따르면 사람들은 2분 30초가 지나면 지
루함을 느낀다고 한다. 사회자가 당신에게 즉석 스피치
를 요청할 때는 짧게 말하라는 의미도 담겨 있다. 이치
가 그럼에도 장광설을 늘어놓는 사람이 의외로 많다. 요
령 없는 사람들이다. 즉석 스피치가 지나치게 짧으면 성
의 없어 보여 좋지 않지만 그렇다고 길게 끄는 것은 더
욱 좋지 않다. 절대 오래 끌지 마라.

갑자기 즉석 스피치를 요청받으면 속으로는 당황했을
지라도 여유 있는 표정과 의젓한 자세로 천천히 단상으
로 나가며 '일·이·삼·사·오'를 재빨리 머릿속에 떠올

려라. 앞서 다룬 '44444'는 그야말로 전혀 예고 없이 즉석에서 지명당했을 때 긴급히 동원할 최적의 공식이고, '일·이·삼·사·오'는 단 몇 분이라도 시간적 여유가 있을 때 스피치를 구성하는 최적의 공식이다. 이 공식에 맞춰 스피치를 구성하고 말하면 준비 완료! 걱정 끝!

인사말에는
'인심사이다'

·

    지금부터 소개할 공식은 '인 · 심 · 사 · 이 · 다'다. 어떤 의미를 상상하면서 외울 것인지는 당신이 정하라. 좀 억지이긴 해도 나름의 의미가 있다. 이 공식은 어떤 자리에서 하나의 주제를 갖고 스피치하는 것이 아니라 간단한 인사말 스피치를 할 때 요긴하다. 윤여정 씨가 했던 수상 소감도 일종의 인사말 스피치 같은 것이기에 이 공식과 맞아떨어진다. 물론 그가 이 공식을 따라 했다는 말은 아니다. 이 공식은 순서를 바꾸거나 추가하거나 뺄 수도 있다.

인 : 인사

스피치를 시작하는 것이다. 만약 사회자가 이미 스피치하는 사람의 이름과 신분을 소개했다면 "창의경영연구소를 운영하고 있는 조관일입니다"라는 식으로 이중 소개를 하지 않는 것이 좋다. "오늘 이 귀한 자리에서 귀한 분들을 뵙게 되어 반갑고 기쁩니다"와 같이 시작하면 된다. 물론 사회자가 이름과 직함 등을 상세히 소개하지 않았을 때는 덧붙여 자신이 무엇을 하는 사람인지 소개해도 괜찮다.

심 : 심정

그 자리에 참석한 감상, 그 모임에 대한 생각을 간단히 말하면 된다. 예를 들어 "3년 전에 이 모임을 처음 시작할 때가 기억납니다. 돌이켜보면 짧은 기간에 장족의 발전을 한 것 같아 감회가 새롭습니다", "회원님들 모두 어쩜 이렇게 열정적인지 존경의 마음을 갖게 됩니다"와 같이 말하는 것이다.

사: 사례·에피소드

이거 또 나왔다. 그만큼 중요하다. 예를 들어 "처음 오신 회원님들은 잘 모르겠지만, 제가 처음 이 대회에 참석했을 때 이런 일이 있었습니다", "엊그제 제가 미국에 다녀왔는데 미국에도 이와 같은 모임이 있더군요. 그래서…"와 같이 말하는 것이다.

이: 이슈

그 모임과 관련된 문제점, 과제, 관심 등 주요 이슈를 말하면 된다. 예를 들어 "잘 아시다시피 이 모임의 최대 과제는 ○○○에 관한 것으로, 요즘 많은 어려움을 겪고 있습니다", "코로나19가 앞으로 우리 업계에 미칠 영향을 생각해보면…"과 같이 말하는 것이다.

다: 다짐

이제 마무리를 할 단계다. 이때는 결의나 다짐을 하는

것이 좋다. 예를 들어 "그동안 여러 가지 사정으로 별 도움이 되지 못했습니다. 앞으로는 열심히 참여해 실망시키지 않도록 하겠습니다"와 같이 자신의 다짐을 말해도 되고, "앞으로 우리 모두 힘을 합쳐 새로운 역사를 창조합시다"와 같이 공동의 다짐을 유도해도 된다.

여기서 한 가지 주의할 점이 있다. 여러 공식을 소개했는데, 막상 현장에서는 헷갈릴 수도 있다. 늘 스피치 공식을 외우며 생활하는 사람은 없으니까. 그러나 걱정할 필요 없다. '44444'든 '일·이·삼·사·오'든 '인·심·사·이·다'든 유심히 보면 스피치를 어떤 형식으로 하게 되는지 비슷한 면을 발견할 수 있다. 그러니 공식이 서로 엉켜버린다 해도 큰일이 아니다. 복합해도 괜찮고, 융합해도 괜찮다. 제시한 공식에서 생각나는 요소들을 융통성 있게 잘 활용해 스피치하면 된다. 짬뽕이 되도 맛만 있으면 된다는 말이다.

건배사도
18번곡처럼

•

보통 사람들이 스피치를 할 대표적인 기회로 '건배'를 하는 경우를 꼽을 수 있다. 코로나19 팬데믹으로 회식이 대폭 줄었지만, 그래도 술잔을 부딪칠 때 빠짐없이 등장하는 것이 바로 건배사다.

나는 유튜브를 처음 시작할 때 구독자가 늘지 않아 전전긍긍했다. 무려 5개월간 제자리걸음이었다. 무슨 콘텐츠를 준비할까 궁리하는데 연말이 다가옴을 알아챘다. 연말이면 동시에 연시다. 연말연시라면 회식, 회식이면 술자리, 술자리면 누가 뭐래도 건배다. 그래서 건배사, 건배 구호를 시리즈로 방송했는데, 드디어 터졌다! 순식간에 구독자가 늘었다. 그만큼 우리나라 사람들이 건배사와 건배 구호를 필요로 하는 일이 많다는 뜻이다. 어쨌든 나의 건배사, 건배 구호는 지금 유튜브를 검색해도 1위를 오르내릴 것이다. 이와 관련한 동영상을 몇 개 더 올렸는데, 어떤 때는 1, 2, 3위를 석권하기도 했다.

건배사를 해야 하는 경우, 평소에 어느 정도 준비가 되어 있지 않으면 당황하게 된다. 갑자기 지명을 당하면 순간적으로 아찔할 수도 있다. 그렇다고 앞서 건배사를 한 사람과 똑같이 할 수도 없는 노릇이다. 하지만 평소 이에 대한 준비가 되어 있으면 자기를 돋보이게 하면서도 분위기를 살리는 좋은 기회가 될 수도 있다. 이번 기회에 당신의 건배사에 대한 나름대로의 기준과 표준안을 만들어놓으면 좋을 듯하다. 그러면 어떤 상황에서도 건배사만큼은 마음 편하게 할 수 있을 것이다.

지혜로운 사람은 평소에 즉석 스피치를 위한 건배사와 구호를 준비해둔다. 이는 갑자기 노래 한 곡 뽑아야 할 때를 대비해 '18번곡'을 한 곡 준비해두는 것과 같은 이치다. 사례를 통해 설명하겠다.

H씨는 건배사를 잘하기로 소문이 났다. 그의 건배사를 유심히 듣고 분석해봤더니 일정한 틀을 갖고 있었다. H씨는 다음과 같은 형식으로 건배를 제의했다.

"제가 건배 제의를 하겠습니다. 잔을 들어주시기 바랍니다. 오늘 뜻깊은 이 자리에서… (짧게 한마디) 이 잔에는 세 가지 의미가 담겨 있습니다. 첫째는… 둘째는… 셋째는… 입니다. 건배 구호는 '위하여'로 하겠습니다. 제가 '위하여'라고 외치면 세 가지 의미를 생각하며 '위하여'라고 크게 세 번 외쳐주십시오. 위하여!"

H씨의 건배사를 분석해보면 하나의 공식이 나온다.

- **주의집중** "제가 건배 제의를 하겠습니다. 잔을 들어주시기 바랍니다."
- **한마디** 짧게
- **의미 부여 및 건배 제의** "이 잔에는 세 가지 의미가 담겨 있습니다. 첫째는….."

- **건배 구호** "건배 구호는 '위하여'로 하겠습니다."
- **구호 요령** "제가 '위하여'라고 외치면 세 가지 의미를 생각하며 '위하여'라고 크게 세 번 외쳐주십시오."
- **실시** "위하여!"

　H씨가 하는 건배의 핵심은 술잔에 의미를 담는 것이다. 이때 모임의 성격을 잘 파악해 멋진 의미를 부여하면 크게 돋보일 수 있다. 물론 꼭 세 가지 의미일 필요는 없다. 더 간단하게 해도 괜찮다. 또한 건배 구호는 한 번만 외쳐도 상관없다. 이렇듯 건배사 정도는 그동안의 경험을 살려 자기 나름의 공식을 만들어두는 것이 좋다.

　앞서 소개한 '44444' 공식도 건배 공식으로 요긴하게 활용할 수 있다. 그때는 마지막 '결사'를 이렇게 하면 된다. "지금까지 말씀드린 마음을 모아 제가 건배를 제의하겠습니다. 모두 잔을 높이 들어주세요. 건배 구호는 ○○○로 하겠습니다"라고 한 뒤 건배 구호를 외치면 된다.

　멋진 건배사는 제창자의 인격과 감각을 드러낸다. 따라서 시간, 장소, 상황에 따라 주제가 달라야 한다. 건배사는 짧으면서도 그 자리에 어울려야 하고, 건배를 제의하는 사람의 심정을 진솔하게 표현하는 것이어야 한다. 어렵게 생각하거나 억지로 말을 꾸며서 할 필요가 없다.

축하를 하는 자리라면 진심으로 축하의 말을 하면 되고, 석별의 정을 나누는 자리라면 그 아쉬움을 대화하듯 담으면 된다. 그러면서도 재치 있고 유익하면 금상첨화다.

어떤 사람은 모두 잔을 들고 있는데 눈치 없이 장광설을 늘어놓기도 한다. 스피치가 좀 길어질 것 같으면 잔을 내려놓은 상태에서 건배사를 하고, 나중에 잔을 들어 건배 구호를 외치게 하는 게 센스 있는 자세다.

기운을 불어넣는
건배 구호

•

건배사와 건배 구호는 다르다. 그런데 언제부터인가 인터넷 등에서 건배사가 아닌 건배 구호를 소개한다. 건배사가 마치 건배 구호를 말하는 듯이.

내 유튜브에 건배 구호를 소개하기 전에 다른 채널에서 언급한 건배 구호를 살펴보았다. 그런데 대부분 지화자 '막걸리', 심지어 '오바마(오빠 바라만 보지 말고 마음대로 해)' 따위의 삼행시 건배사(삼행시, 사행시 등이 있지만 이하 삼행시라고 표현한다)를 권하고 있었다. 그것을 보고 '잘됐다.

나는 다른 방식을 다뤄야지'라는 생각에 소개한 것이 대
박이 났다.

회식 자리에 가보면 참석자들이 돌아가며 건배사를
하는데, 그 장면을 보면 마치 삼행시 경진대회를 하는 것
같다. 솔직히 말하면 질이 낮고 품격이 없다. 물론 가까
운 사람끼리 있을 때는 어떤 방식이든 상관없다. 그러나
격식을 갖춘 자리에서 삼행시로 건배 구호를 하면 품격
까지 떨어뜨리기 십상이다.(실제로 '오바마' 구호를 외친 사람
중에 성희롱 시비에 말려들어 곤욕을 치른 경우도 있다.)

그럼 건배 구호는 어떻게 하는 것이 좋을까? 표어식
이 좋다. 무슨 말이냐 하면 '행복하자, 우리 모두', '달성
하자, 우리 목표', '우리 우정, 영원히', '영광이여, 다시 한
번'과 같이 표어(따지고 보면 이게 진짜 구호다.)를 나누어 외
치는 게 좋다는 말이다. 건배를 제의하는 사람이 앞부분
을 말하면, 좌중의 사람들이 뒷부분으로 화답하는 형식
이다.

물론 삼행시 건배 구호도 재치 있고 인상 깊을 수 있
다. 나도 유튜브에서 직접 만든 삼행시 구호를 소개한 적

이 있다. 먼저 2020년부터 기승을 부리고 있는 코로나19
상황을 고려한 삼행시다.

코) 코로나가 심술을 부려도

로) 로망은 잃지 말고

나) 나날이 발전하자

코) 코로나로 힘들지만

로) 로맨스는 하면서 살자

나) 나 그리고 너

세계보건기구에서 코로나19를 코비드19로 칭한다는
점에 착안해 '코비드' 구호를 만들기도 했다.

코) 코로나를 이겨내자

비) 비약적인 발전을 하자

드) 드세고 강한 멘탈로 무장하자

모두 마스크를 쓰라는 권고의 의미로 '마스크' 건배 구호도 제시했다.

마) 마스크는 꼭 쓰자
스) 스마일을 잃지 말자
크) 크게 더 크게 발전하자

마) 마스크는 썼더라도
스) 스마일 스마일 하면서
크) 크고 더 큰 꿈을 이루자

또한 2021년 '신축년'에 맞는 건배 구호도 소개했다.

신) 신년에는 코로나가 썩 물러가고
축) 축하할 일 많으시고
년) 년 중 내내 건강하세요

신) 신바람 나는 일 별로 없다고

축) 축 늘어져 있지 말고

년) 년 중 내내 파이팅!

신축년이 소띠 해임을 감안한 건배 구호도 만들었다.

신) 신바람 나는 새해되소

축) 축복 받는 새해되소

년) 년말까지 계속되소

삼행시 스타일의 건배 구호를 하려면 정말 기발하거나 직접 개발한 독특하고 재미있는 구호여야 한다. 인터넷이나 유머책 등에서 찾을 수 있는 구호는 사용하지 않는 것이 좋다. 감탄은 고사하고 썰렁하거나 촌스럽거나 격이 떨어질 우려가 크다. 나름의 건배 구호를 만들지 못했다면 차라리 '건배!', '위하여' 정도로 평범하게 하되, 건배사를 멋지게 하는 것도 괜찮다.

•

'말도' 잘하는 멋진 사람이 되길

'국민의힘'에서 대변인을 뽑기 위해 지금껏 듣도 보도 못한 '대변인 선발 토론 배틀'이라는 걸 했습니다. 주제를 놓고 열띤 토론을 했죠. TV 생중계까지 하며 국민적 관심을 끌자 다른 당에서 "말만 잘한다고 정치도 잘하나?"라고 지적했습니다.

이런 비판은 개인 간에도 종종 볼 수 있습니다. 누군가 말을 잘하면 "말만 번드르르하게 한다"라고 비난합니다. "말만 잘한다"라고 합니다. 따지고 보면 그 이면에는 자신이 말을 잘하지 못하는 데 대한 열등감과 배 아픔이

도사리고 있습니다.

당연히 말만 번드르르해서는 안 됩니다. 우리가 스피치 능력을 키우기 위해 이런저런 책을 읽고 심지어 학원까지 다니는 이유는 '말만 잘하는' 사람이 아니라 '말도 잘하는' 사람이 되기 위함입니다.

직장에서든, 모임에서든 능력이 출중함에도 불구하고 말을 제대로 못해 버벅거리는 사람이 있습니다. 그런 사람을 보면 참 안타깝습니다. 말만 잘하면 훨훨 날 수 있는 사람인데 말이죠.

누구라고 콕 찍어 말하진 않겠지만, 사람들 입에 대통령감으로 자주 오르내리는 이들 중에 말을 못해 결정적인 순간에 지지도를 깎아먹는 사람이 있습니다. 분명 능력 있고 인품도 뛰어난데 '그놈의 말' 때문에 사람들이 실망합니다. 그런데 이는 꼭 정치인이나 '대통령감'만의 문제가 아닙니다. 그 정도로 말이 중요하다는 의미입니다. 때로는 삶에 결정타가 될 수 있다는 의미입니다.

우리가 멋지게 말하고 싶어 하는 이유는 대통령이 되기 위함도, 정치를 하기 위함도 아닙니다. 물론 그런 의도를 갖고 스피치에 도전하는 사람도 있겠지만, 대부분은 사회생활을 하며 한마디 할 기회가 있을 때 이왕이면 멋지게, 인상 깊게, 능력 있는 사람으로 보이고자 스피치에 주의를 기울입니다. 그런 정도의 목표라면 지금까지 이 책에서 다룬 내용을 꼼꼼히 곱씹어 읽으며 실천하면 충분히 가능합니다.

지금껏 세상에 나온 화술 관련 책이 수천 권이 넘지만, 그것을 모두 분석해보면 (그럴 필요도 없이) 원리는 간단합니다. 우리가 이미 알고 있는 상식을 그럴듯한 용어로 포장하고 어떠한 요령, 방법, 원칙 따위로 이름 붙였을 뿐입니다. 그 점에서 이 책도 예외가 아닙니다.

중요한 것은 이미 알고 있는 것들을 실제로 적용하는 것입니다. 이제 책은 그만 읽고 하나라도 실행에 옮겨보기 바랍니다. 말은 이론으로 되는 게 아닙니다. 요령과 방법으로 된다면 말 못할 사람은 없습니다. 그러니 이 책에서 제시한 몇 가지 요령을 그냥 '읽어버리지' 말고 한 번이라도 실행에 옮겨보아야 합니다.

처음에는 잘 안 될 것입니다. 그러나 말할 거리를 메모해두고 말할 기회가 생길 때마다 어떻게 표현하면 더 잘할 수 있을지 궁리해 나름의 스피치 요령을 만들어 실행한다면 분명 '말에 대한 한'을 풀 수 있을 것입니다.

마지막으로 한 가지 덧붙이면, 말에 관심을 갖고 능력을 개발하려 노력하되 말 많은 사람이 되지 않도록 조심해야 합니다. 세상이 참 무섭습니다. '말로 흥한 자 말로 망한다'라는 말이 있듯 말은 양날의 칼과 같습니다.

가급적 말을 아끼되 한마디 하게 될 때는 품격 있고 알맹이 있고, 그러면서도 흥미진진하고 재미있게 말하는 멋진 사람이 되길 바랍니다.

멋지게 말하고 싶습니다

초판 1쇄 인쇄 2021년 7월 16일
초판 1쇄 발행 2021년 7월 22일

지은이 조관일
펴낸이 김선식

경영총괄 김은영
편집인 박경순
책임마케터 이고은
마케팅본부장 이주화 **마케팅2팀** 권장규, 이고은, 김지우
미디어홍보본부장 정명찬 **홍보팀** 안지혜, 김재선, 이소영, 김은지, 박재연, 오수미, 이예주
뉴미디어팀 김선욱, 허지호, 염아라, 김혜원, 이수인, 임유나, 배한진, 석찬미
저작권팀 한승빈, 김재원
경영관리본부 허대우, 하미선, 박상민, 권송이, 김민아, 윤이경, 이소희, 이우철, 김재경,
최완규, 이지우, 김혜진
외부스태프 교정교열 김동화 **디자인** 霖design김희림

펴낸곳 다산북스 출판등록 2005년 12월 23일 제313-2005-00277호
주소 경기도 파주시 회동길 490
전화 02-704-1724
이메일 uyoung@uyoung.kr
홈페이지 www.dasan.group
종이 IPP **출력·인쇄** 민언프린텍 **후가공** 제이오엘앤피 **제본** 정문바인텍
ISBN 979-11-306-4001-3 03190